Ariane Lange

Betriebliche Gesundheitsförderung in der stationären Pflege

University of Applied Sciences
APOLLON
University Press

Ariane Lange

Betriebliche Gesundheitsförderung in der stationären Pflege

APOLLON SCHRIFTENREIHE ZUR GESUNDHEITSWIRTSCHAFT

University of Applied Sciences
APOLLON
University Press

APOLLON SCHRIFTENREIHE ZUR GESUNDHEITSWIRTSCHAFT ▪ BAND 7

1. Auflage 2015

Zur Vereinfachung der Lesbarkeit wird in diesem Buch sowohl für Literaturangaben als auch für alle anderen Formulierungen die männliche Form verwendet. Selbstverständlich ist dabei immer auch die weibliche Form mit inbegriffen.

Projektmanagement: Constanze Vieth, Bremen
Lektorat: Gabriele Staupe, Wiesbaden
Umschlaggestaltung, Layout, Satz: Ilka Lange, Hückelhoven
Coverfoto: Fotolia © Pixelot
Printed in Germany

Bibliografische Information der Deutschen Nationalbibliothek
Die Deutschen Nationalbibliothek verzeichnet diese Publikation in der Deutschen Nationalbibliografie. Detaillierte bibliografische Daten sind abrufbar unter: http://dnb.d-nb.de

ISBN: 978-3-943001-20-4

www.apollon-hochschulverlag.de

Inhalt

Vorwort

Die betriebliche Gesundheitsförderung stellt als Teil des betrieblichen Gesundheitsmanagements eine wichtige und notwendige Strategie zur Erhaltung der Gesundheit von Beschäftigten dar, denn Gesundheit und Krankheit der Beschäftigten wirken sich auch unmittelbar und nachhaltig auf die Wirtschaftlichkeit eines Unternehmens aus. Der gesundheitliche Zustand der Pflegekräfte steht dabei in direktem Zusammenhang mit einem Wandel der Arbeitswelt, der demografischen Entwicklung, einer immer kürzer werden Verweildauer und einem steten Anstieg der Patientenzahlen. Ariane Lange entwickelt ein anschauliches Seminarkonzept, mit dem das Gesundheitsverhalten nachhaltig positiv verändert und zur Verbesserung der Leistungsfähigkeit der Pflegekräfte beitragen kann.

Die Autorin erläutert die Bedeutung des demografischen Wandels und beschreibt ausführlich die somatischen und psychischen Auswirkungen von Wechselschichten auf die Pflegenden. Die detailliert beschriebenen Maßnahmen zur betrieblichen Gesundheitsförderung bilden die Grundlage für das Seminarkonzept. Hier entwickelt Frau Lange eine praxistaugliche Konzeption, indem sie Lösungsvorschläge für Seminarinhalte zu den wesentlichen gesundheitsbeeinträchtigenden Faktoren vorstellt. Hervorzuheben sind die differenzierten Seminarbeschreibungen, wobei Frau Lange sowohl die Evaluation als auch die Kosten im Blick hat.

Die vorliegende Publikation zeichnet sich durch eine hohe inhaltliche Dichte, schlüssige Argumentation der wissenschaftlichen Erkenntnisse und einen hohen Praxisbezug aus. Sie ist somit grundsätzlich für alle Einrichtungen des Gesundheitswesens geeignet und bietet den Verantwortlichen ein wertvolles Fundament für eine bedürfnisorientierte Gesundheitsförderung. Ich wünsche der Autorin eine große Leserschaft, damit ihre Erkenntnisse und Vorschläge in den Einrichtungen umgesetzt werden und so zu einer geringeren Krankheitsquote und höheren Zufriedenheit der Pflegenden beitragen.

Dr. Barbara Mayerhofer MBA

Geschäftsleitung Altenpflege Diakonisches Werk Steinfurt e.V.

Studiengangsleitung Pflegemanagement

1 Einführung in die Thematik und Problemstellung

Schichtarbeit zu konstant ungewöhnlicher Zeit war im letzten Jahrhundert vorwiegend aus wirtschaftlichen und technologischen Gründen notwendig, z. B. zur hohen Kapazitätsauslastung von Anlagen. In Deutschland sind ca. 17 Millionen (Mio.) Menschen im Schichtdienst tätig, davon ca. 2,5 Mio. im Nachtdienst (vgl. Marschall, 2013, S. 1). Im 21. Jahrhundert nimmt die Notwendigkeit an Dienstleistungen zu (vgl. Seibt et. al., 2006, S. 1). Pflegekräfte sind in einem Dienstleistungsberuf tätig und besonderen physischen und psychischen Belastungen ausgesetzt.

Insbesondere der Schichtdienst stellt einen Belastungsfaktor dar. Im Vergleich zu Beschäftigten im „Normaltageszeitrhythmus" wird durch den Schichtdienst das Risiko für Schlafstörungen, Magen-Darm-Beschwerden, Herz-Kreislauf-Erkrankungen und psychische Beschwerden erhöht sowie durch die versetzten Arbeits- und Freizeiten die Teilnahme am familiären und sozialen Leben erschwert (vgl. Beermann, 2010, S. 71; Hajak, Zulley, 2008, S. 76 f.; Buchberger et al., 2011, S. 5). Ferner sind auch die Pflegepersonen von den Auswirkungen des demografischen Wandels betroffen, da dieser zu einem Rückgang der Bevölkerung und einer Alterung der Gesellschaft führt und somit zu einer Verknappung des Erwerbspersonenpotenzials (vgl. Bruch et al., 2010, S. 42).

Seit Jahren nimmt der Anteil der Pflegekräfte, die 50 Jahre und älter sind, kontinuierlich zu. Da demografisch bedingt der Nachwuchs ausbleibt, wird es in Pflegeberufen immer schwieriger, qualifizierte Nachwuchskräfte zu finden, sodass zukünftig immer älteres Pflegepersonal ältere, schwerkranke und demente Patienten versorgen wird. Mit zunehmendem Alter wird jedoch eine Anpassung an Arbeitsbelastungen und insbesondere an die wechselnden Arbeitszeiten zunehmend schwieriger (vgl. Beermann, 2010, S. 77). Die Folgen der Berufsbelastungen zeigen sich in einer Zunahme der Arbeitsunfähigkeit, einer hohen Personalfluktuation und einem erhöhten Berufsausstieg. Eine umfangreiche und professionelle pflegerische Versorgung kann jedoch nur durch gesunde, leistungsfähige und motivierte Pflegepersonen sichergestellt werden (vgl. Weigl et. al., 2010, S. 14; Friedel et al., 2005, S. 326–331).

Hier stellt die betriebliche Gesundheitsförderung (BGF) – als ein bedeutender Teil des betrieblichen Gesundheitsmanagements – eine effektive Strategie zur Verbesserung der Gesundheit der Beschäftigten dar. In Deutschland führt ca. ein Fünftel der Betriebe freiwillig verhältnis- und verhaltensorientierte Maßnahmen zur Erhaltung oder zur Förderung der Gesundheit der Beschäftigten durch (vgl. Kramer, Bödeker, 2008, S. 5). Diese Maßnahmen zielen oft – aufgrund des allgemeinen Inhalts – nicht auf die spezielle Arbeitssituation und die Bedürfnisse der Schichtarbeiter. Daher lässt sich von der dargestellten Problematik ausgehend folgende zentrale Fragestellung ableiten:

> *„Welche Maßnahmen der betrieblichen Gesundheitsförderung tragen dazu bei, die Gesundheit der Gesundheits- und Krankenpfleger/innen bei Schichtarbeit- und Nachtarbeit im Krankenhaus langfristig zu erhalten und zu fördern?“*

Ziel ist es, die gesundheitlichen und sozialen Auswirkungen des Schichtdienstes herauszuarbeiten und ein zielgruppenspezifisches Seminar zu entwickeln, das das Gesundheitsverhalten nachhaltig positiv verändert und zur Verbesserung der Leistungsfähigkeit beiträgt. Dadurch können Kosten reduziert, die Mitarbeiterzufriedenheit gesteigert und das Image der Einrichtung verbessert werden. Qualifizierte Nachwuchskräfte in der Pflege können langfristig an das Unternehmen gebunden werden.

Methodik und Aufbau der Arbeit

Zur Beantwortung der zentralen Forschungsfrage wird im Rahmen einer systematischen Literaturrecherche der aktuelle wissenschaftliche Stand der Literatur betrachtet (deskriptive Methodik). Dies erfolgt über deutsch- und englischsprachige Datenbanken, Fachzeitschriften, E-Journals sowie Bibliotheken. Eine ergänzende Suche findet über Internetrecherchen statt. Die Recherchen erstrecken sich über die Veröffentlichungen einzelner Krankenkassen und Spitzenverbände, Daten aus dem Statistischen Bundesamt bis hin zu Veröffentlichungen der forschenden Institute bzw. Hochschuleinrichtungen (beispielsweise das Institut für Prävention und Arbeitsmedizin der Deutschen gesetzlichen Unfallversicherung Bochum). Auf Grundlage der theoretischen Erkenntnisse erfolgt die Entwicklung des Konzepts, das aus einem Gesundheits-Check-up, einem Seminar „Gesund und fit im Schichtbetrieb" sowie Gesundheitsberatungen besteht. Die Seminarmodule sollen sich an den Bedürfnissen der Pflegepersonen im Schichtdienst orientieren, insbesondere am Schlaf, der Ernährung, der Bewegung, der Stressbewältigung und der Freizeit. Theoretische Inhalte sind mit Praxisanteilen zu verknüpfen, um auf diese Weise die Pflegepersonen schrittweise für die jeweiligen Gesundheitsthemen zu sensibilisieren und zum eigenverantwortlichem Handeln zu motivieren, damit nachhaltig Gesundheitskompetenzen ausgebaut und eine Gesundheitskultur im Unternehmen gefördert werden kann. In diesem Zusammenhang wird auf verhaltensorientierte und verhältnisorientierte Maßnahmen eingegangen.

Nach einer Einführung werden im Kapitel 2 die demografischen Entwicklungen des Altersaufbaus und die Auswirkungen auf das Erwerbspersonenpotenzial der Krankenhäuser dargestellt. Mit zunehmendem Alter fällt den Mitarbeitern in Schichtarbeit die Anpassung an den wechselnden Schlaf-Wach-Rhythmus immer schwerer, insbesondere die Anpassung an die Nachtarbeit (vgl. Beermann, 2010, S. 77). Es ist daher essenziell, die Arbeitsfähigkeit des Pflegepersonals (PP) langfristig durch Maßnahmen der BGF zu erhalten und zu fördern und qualifizierte Nachwuchskräfte in der Pflege zu akquirieren und an das Unternehmen zu binden. Im Anschluss an eine Begriffsbestimmung des Ressourcenmodells der Salutogenese werden die Grundlagen, die Entwicklung und der Nutzen der BGF erläutert. Es werden die Schicht- und Nachtarbeit, die Schichtarten, Gründe für Schichtarbeit und rechtliche Grundlagen sowie Begrifflichkeiten thematisiert.

Kapitel 3 greift die durch die Schichtarbeit möglichen gesundheitlichen Beschwerden und sozialen Beeinträchtigungen auf. Im Zusammenhang mit deren Entstehung werden das Belastungs-Beanspruchungs-Modell sowie der zirkadiane Rhythmus des Menschen erläutert.

Kapitel 4 zeigt auf, wie Maßnahmen des BGF in das Unternehmen integriert werden können. Es werden effektive Instrumente vorgestellt wie z. B.

der Gesundheitsbericht. Die betrieblichen Interventionsstrategien können auf der Verhältnis- und der Verhaltensebene erfolgen. Auf der Verhältnisebene zielen sie auf eine gesundheitsförderliche Arbeitsumwelt, um äußere Belastungen (Gesundheitsrisiken) zu reduzieren bzw. abzuwenden (vgl. Ulich, 2005, S. 529). Betriebliche Interventionen auf der Verhaltensebene nehmen Einfluss auf das individuelle Gesundheitsverhalten bei und im Zusammenhang mit der Arbeit. BGF-Programme richten sich in Form von Information, Beratung und Maßnahmen auf die Motivation der Mitarbeiter, um gesundheitsriskante Verhaltensweisen zu reduzieren bzw. zu vermeiden (vgl. Steinbach, 2011, S. 57).

Bezüglich der Schichtarbeit wird in Kapitel 5 auf Basis der gesundheitlichen Folgen, ein zielgruppenspezifisches Seminar für Pflegepersonal entwickelt. Es basiert auf dem Health-Action-Process-Approach (HAPA)-Modell, in dessen Zentrum die Motivation zum Gesundheitsverhalten steht (vgl. Schwarzer, 2004, S. 90–99). Das Seminar besteht aus einem Gesundheits-Check-up, begleitenden Gesundheitsberatungen sowie den drei Seminarmodulen „Gesunder Schlaf", „Gesunde Ernährung", „Bewegung, Stressbewältigung und Freizeit". Es schließen sich eine Evaluation und Nutzendarstellung des Seminars an, die weitere Empfehlungen für Folgemaßnahmen beschreiben.

Kapitel 6 fasst die wesentlichen Erkenntnisse in einer Schlussbetrachtung zusammen.

Um die Lesefreundlichkeit zu erhöhen, sind immer, sofern es nicht detaillierter formuliert ist, beide Geschlechter angesprochen. Die Begriffe Mitarbeiter, Arbeitnehmer und Beschäftigte werden synonym verwendet, ebenfalls die Begriffe Unternehmen, Betrieb und Krankenhaus. Ferner wird in der weiteren Arbeit aufgrund der besseren Lesbarkeit einheitlich die Bezeichnung Pflegepersonal bzw. Pflegekräfte (PP) verwendet. Dabei sind die Bezeichnungen Krankenschwester/pfleger und Gesundheits- und Krankenpfleger/in identisch.

Zum Buch stehen Ihnen auf der Webseite der APOLLON University Press ergänzende Materialien unter http://apollon-hochschulverlag.de/downloads/bgm/ oder über folgenden QR-Code zur Verfügung. Der Code funktioniert wie ein Link. Fotografieren Sie ihn per Handykamera ab und Sie werden direkt zum Downloadbereich geführt.

2 Grundlagen

Im Folgenden wird der demografische Wandel in Deutschland erläutert und die sich daraus ergebenden Folgen für den Pflegeberuf und die Krankenhäuser abgeleitet. Charakterisiert werden wesentliche Begriffe: Gesundheit und betriebliche Gesundheitsförderung sowie die Nacht- und Schichtarbeit. Zudem werden die Formen und Rechtsgrundlagen dargestellt.

2.1 Demografischer Wandel in Deutschland als Hintergrund

Der demografische Wandel wird durch eine rückläufige Geburtenrate und eine verlängerte Lebenserwartung beeinflusst (vgl. Sporket, 2011, S. 25). In der 12. koordinierten Bevölkerungsvorausberechnung (2009) wurden in den Ergebnissen drei Prognosen gegeben. Alle gehen von einer relativ konstanten Geburtenhäufigkeit und einem Anstieg der Lebenserwartung bei Frauen um sieben Jahre (Männer: acht Jahre) aus (vgl. Statistisches Bundesamt, 2009, S. 6 f.). Sie unterscheiden sich nur minimal hinsichtlich der Geburtenrate von (1,4, 1,6 bzw. 1,2 Kinder pro Frau je nach Prognose), die jeweils zu einer kleineren Anzahl potenzieller Mütter führt (vgl. Statistisches Bundesamt, 2009, S. 6). Die Lebenserwartung und die Zahl der Sterbefälle steigen, da die geburtenstarken Jahrgänge (1955–1964) ins hohe Alter hineinwachsen werden. Die Bevölkerungszahl fällt von ca. 82 Mio. (Ende 2008) auf 65–70 Mio. Einwohner im Jahr 2060 ab (vgl. Statistisches Bundesamt, 2009, S. 29, S. 5). Bereits jeder Dritte wird dann ein Alter von 65 Jahren oder älter erreicht haben (34 %) und 14 % werden 80 Jahre und älter sein (Stand 2008: 5 %) (vgl. Statistisches Bundesamt, 2009, S. 14 f.). Nach Prognosen sinkt die Zahl der Erwerbspersonen (20 bis 65 Jahre bzw. 67 Jahre) von ca. 50 Mio. Menschen (Stand: 2008) auf 36 Mio. in 2060 (vgl. Statistisches Bundesamt, 2009, S. 17). Es kann bereits jetzt ein Fachkräftemangel prognostiziert werden sowie ein hoher Verlust an Erfahrungswissen (vgl. Bruch et. al. 2010, S. 45). Für das Gesundheitswesen stellt die abnehmende Anzahl qualifizierter Erwerbstätiger, wie nachfolgend dargestellt, eine große Herausforderung dar (vgl. Zölch, 2009, S. 11).

2.2 Folgen des demografischen Wandels für die Pflegekräfte im Krankenhaus

2011 waren in den deutschen 2.045 Krankenhäusern 1.137.000 Personen in Voll- und Teilzeit beschäftigt, davon 547.000 als Gesundheits- und Krankenpfleger. 31,84 % des PP waren in der Altersgruppe der unter 35-Jährigen (ca. 362.000 Personen) tätig, 41,34 % zählten zu den 35- bis unter 50-Jährigen (ca. 470.000 Personen). 26,83 % waren älter als 50 Jahre (ca. 305.000 Personen) (vgl. GBE, 2013).

Werden die Zahlen des unter 35-jährigen Pflegepersonals in den Jahren 2000 und 2011 verglichen, so sind diese um mehr als 15 % zurückgegangen (66.000 Beschäftigte). Zeitgleich hat sich die Zahl der über 50-Jährigen von 185.000 auf 305.000 fast verdoppelt. Zudem hat sich seit der Einführung der DRGs (Diagnosis Related Groups) der kontinuierliche Bettenabbau und damit auch die Verweildauer auf 7,7 Tage in 2011 verkürzt (Stand 1991: 14 Tage) bei gleichzeitigem Anstieg der Patientenzahlen um ca. 25 % auf 18,3 Mio. in 2011 (vgl. Statistisches Bundesamt, 2013a, S. 11).

Dies erhöht das im Folgenden beschriebene Belastungspotenzial der Gesundheits- und Krankenpfleger im Krankenhaus zusätzlich. Deren Arbeit ist durch hohen Zeitdruck, physische Belastungen wie z. B. häufiges Heben, Tragen sowie eine gesundheitsbelastenden Arbeitsumgebung, (z. B. Infektionsgefahren) gekennzeichnet (vgl. Höppner, 2004, S. 31). Durch Mitleiden mit kranken/sterbenden Patienten und sozialen Belastungen in der Zusammenarbeit entsteht psychosozialer Stress, der mit psychischen Risiken (z. B. Sucht) verbunden ist (vgl. Höppner, 2004, S. 31; Pelikan, 2012, S. 1; Glaser, Höge, 2005, S. 11). Wechsel- und Nachtdienste stören dauerhaft die Work-Life Balance und schränken die Regenerationsphasen in der Freizeit ein (vgl. Simon et al., 2005, S. 4; Pelikan, 2012, S. 36). Daraus resultierende gesundheitliche und soziale Belastungen (vgl. Kapitel 3) zeigen sich in Fehlzeiten. Diese können dem Gesundheitsreport 2013 der Deutschen Angestelltenkrankenkasse (DAK) entnommen werden, da dort insbesondere Beschäftigte aus Frauenberufen wie der stationären Pflege versichert sind (2,7 Mio. Mitglieder: 58 % Frauen). Der Krankenstand lag bei den in der stationären Pflege tätigen DAK-Versicherten in 2012 bei 4,4 % (DAK-Bundesdurchschnitt: 3,8 %) (vgl. IGES-Institut, 2013, S. 112). Damit liegt die Quote in 2012 um 0,76 % höher als der Bundesdurchschnitt des Krankenstandes aller gesetzlichen Krankenversicherungen und Branchen (3,64 %) (vgl. BMG, 2013a, S. 24). Hinzu kommt eine hohe Berufsausstiegsrate von ca. 80 % in den ersten fünf Jahren (vgl. Gieseke, 2005, S. 51).

Die NEXT (Nurses Early Exit)-Studie (2005), die den Wunsch nach einem Berufsausstieg aus der Pflege untersuchte, belegte, dass insbesondere gut qualifizierte 25–29-Jährige mehrmals monatlich bis täglich an einen Berufsausstieg dachten, mit zunehmender Berufszugehörigkeit sank der Wunsch (vgl. Hasselhorn et al., 2005, S. 138 f.). Nach einer Prognose besteht bereits im Jahr 2030 ein Bedarf an 400.000 Gesundheits- und Krankenpflegerstellen (vgl. Ostwald et al., 2010, S. 10). Das Augenmerk muss sich daher stärker an den Bedürfnissen der PP orientieren, um langfristig die Gesundheit zu erhalten und zu fördern (vgl. Statistisches Bundesamt, 2009, S. 17). Daher ist die nachfolgend vorgestellte Umsetzung von zielgerichteten Maßnahmen der betrieblichen Gesundheitsförderung (BGF) essenziell.

2.3 Betriebliche Gesundheitsförderung

Die Auseinandersetzung mit dem Thema Betriebliche Gesundheitsförderung (BGF) erfordert zunächst die Klärung von Begriffen: Gesundheit, Gesundheitsförderung, Prävention etc.

2.3.1 Begriffsdefinition

Definitionen zur Gesundheit und Krankheit sind vielfältig, da sie sich aus verschiedenen Standpunkten heraus formulieren lassen, etwa aus der medizinischen Perspektive (z. B. Psychologie) oder aus der kulturell-sozialen Perspektive (z. B. Religion) (vgl. Naidoo, Wills, 2010, S. 21). Nach der Erklärung der Weltgesundheitsorganisation (WHO) im Jahre 1946 wurde Gesundheit im Sinne eines eher festen Zustands *„des vollständigen körperlichen, geistigen und sozialen Wohlbefindens und nicht nur des Freiseins von Krankheit und Gebrechen“*, definiert (Franzkowiak et al., 2003, S. 53).

In den 1970er-Jahren entwickelte Antonowsky (1923–1994) das Modell der Salutogenese („salus" lateinisch: „Unversehrtheit", „Gesundheit") und leitete damit einen Paradigmenwechsel ein (vgl. Steinbach, 2011, S.16). Das Modell stellt eine Abkehr von der bisher pathogenetischen Fragestellung dar, die die Krankheitsursachen in den Vordergrund stellte. Hauptmerkmal ist die Frage, welche Ressourcen die Gesundheit erhalten und fördern (vgl. Dohm et. al., 2008a, S. 31). Nach der Salutogenese befindet sich der Mensch zwischen den Polen Gesundheit und Krankheit. Die Position ergibt sich aus der Wechselbeziehung zwischen belastenden Faktoren (Stressoren) und schützenden Faktoren (Widerstandsressourcen) im Zusammenhang mit persönlichen Lebenserfahrungen (vgl. Dohm et al., 2008a, S. 32).

Als gesundheitsförderndes Merkmal setzte Antonovsky die Fähigkeit zur Kohärenz voraus, der Grundeinstellung zum eigenen Leben, die aus den Komponenten Verstehbarkeit, Handhabbarkeit und Bedeutsamkeit besteht (Antonovsky, 1997, S. 36). Die salutogene Bewältigung von Stresssituationen umfasst somit die Entdeckung salutogener Leistungsfähigkeiten im Menschen, seinen Handlungsweisen und seiner Umwelt. Gesundheit wird als eine Befähigung angesehen, Probleme zu lösen und Gefühle zu regulieren, damit neben einem körperlichen und seelischen Wohlbefinden, ein soziales Netzwerk – speziell ein positives Selbstwertgefühl – bewahrt bzw. wieder aufgebaut wird (vgl. Badura et al., 2010, S. 32).

Der Begriff der Gesundheit wurde 1986 durch die Ottawa-Charta auf Basis des Konzepts der Gesundheitsförderung ergänzt.

> Gesundheit *„zielt auf einen Prozess, allen Menschen ein höheres Maß an Selbstbestimmung über ihre Gesundheit zu ermöglichen und sie damit zur Stärkung ihrer Gesundheit zu befähigen" (WHO, 1986, S. 1).*

Gesundheitsfördernde Maßnahmen dienen der Stärkung der Ressourcen und Schutzfaktoren zum Erhalt der Gesundheit. In engem Zusammenhang stehen Präventivmaßnahmen, die ihre Ziele auf die Abwendung von Krankheiten oder Krankheitsrisiken richten (vgl. Altgeld, Kolip, 2010, S. 41). Zur weiteren Verbreitung in die Unternehmen wurde 1997 durch das Europäische Netzwerk für Betriebliche Gesundheitsförderung (ENWHP) die Luxemburger

Deklaration verabschiedet, die eine europaweit gültige Definition der BGF dokumentiert. Sie beinhaltet die gemeinsamen Handlungen von Arbeitgeber und Arbeitnehmern zum Abbau gesundheitlicher Risiken und zur Erhöhung des Wohlbefindens. Eine Optimierung der Arbeitsorganisation und Arbeitsbedingungen, eine Förderung der aktiven Mitarbeiterbeteiligung und eine Stärkung der individuellen Kompetenzen sind zielführend (vgl. ENWHP, 2007, S. 2). Das nächste Kapitel geht auf die Grundlagen der BGF ein.

2.3.2 Grundlagen und Entwicklung der betrieblichen Gesundheitsförderung

Der klassische Arbeitsschutz, der sich auf die Verhütung von Arbeitsunfällen und Berufskrankheiten beschränkte, soziale und organisatorische Aspekte der Arbeit ausließ und die Mitarbeiter nicht beteiligte, reichte zum Erhalt und zur Förderung der Gesundheit nicht mehr aus (vgl. Bedner, 2001, S. 113). Getreu dem Leitgedanken „Gesunde Mitarbeiter in gesunden Unternehmen" erkennen viele Unternehmen, dass mit BGF Fehlzeiten und krankheitsbedingte Kosten reduziert und die Produktivität gesteigert werden kann (ENWHP, 2010, S. 3). Sie beinhaltet, als Teil des Gesundheitsmanagements, den Arbeits- und Gesundheitsschutz, die Gesundheitsförderung, Maßnahmen, die die gesundheitlichen Potenziale erhalten und fördern sowie Belastungen reduzieren. Weiterhin ist die BGF Teil der Personal- und Organisationspolitik sowie Bestandteil von Unternehmensziel und -leitbild (vgl. Spicker, Schopf, 2007, S. 36).

Voraussetzung für eine stetige Verbesserung der Gesundheit der Mitarbeiter ist die Berücksichtigung nachfolgender Leitlinien der BGF (vgl. Tab. 2.1). Bisher basiert die BGF auf der Freiwilligkeit der Unternehmen, im Unterschied zum gesetzlich geregelten Arbeitsschutz. Dadurch ermöglicht sie den Unternehmen einen großen Handlungsspielraum, die Maßnahmen zielgerichtet und flexibel zu gestalten (vgl. DNBGF, o. J.). Allerdings kann dies auch ein Grund für die geringe Verbreitung der BGF sein. Einer Studie zufolge wird sie in nur ca. 20 % der deutschen Firmen praktiziert (vgl. Sochert, 2010, S. 86).

Tabelle 2.1: Leitlinien der betrieblichen Gesundheitsförderung (vgl. die Luxemburger Deklaration: ENWHP, 2010, S. 3)

Partizipation	Einbeziehung der gesamten Belegschaft, sodass die Eigenbeteiligung und -verantwortung erhöht wird
Integration	Systematische Berücksichtigung der BGF bei allen wesentlichen Entscheidungen und in jedem Unternehmensbereich
Projektmanagement	Systematische und spezifische Durchführung aller Maßnahmen und Programme: Bedarfsanalyse, Prioritätensetzung, Planung, Ausführung, kontinuierliche Kontrolle und Evaluation der Ergebnisse für einen kontinuierlichen Verbesserungsprozess
Ganzheitlichkeit	BGF umfasst verhaltens- und verhältnisorientierte Maßnahmen. Der Ansatz der Risikoreduzierung wird mit dem des Ausbaus von Schutzfaktoren und Gesundheitspotenzialen verbunden.

Zu den wichtigsten Rechtsgrundlagen im Rahmen der BGF gehört das Arbeitsschutzgesetz (ArbSchG), das der Durchführung von Maßnahmen des Arbeitsschutzes zur Verbesserung der Sicherheit und des Gesundheitsschutzes der Beschäftigten bei der Arbeit dient. Es regelt die Rechte und Pflichten der Arbeitgeber und Arbeitnehmer (vgl. ArbSchG, 2013).

Um Aktivitäten der BGF zu fördern, unterliegen die gesetzlichen Krankenkassen (GKV) in Zusammenarbeit mit der gesetzlichen Unfallversicherung nach § 20 SGB V der Verpflichtung, die Unternehmen hinsichtlich der Aufklärung, Beratung und Durchführung von betrieblichen Gesundheitsförderungsmaßnahmen zu unterstützen. Zusätzlich sollen sie nach § 20 a SGB V in Betrieben Leistungen zur Gesundheitsförderung erbringen, indem sie die gesundheitliche Situation ermitteln und zu deren Verbesserung beraten (vgl. GKV-Spitzenverband, 2010, S. 20 ff.). Zusätzlich sind seit dem 01.01.2009 nach § 3 Nr. 34 Einkommenssteuergesetz (EStG) erbrachte Leistungen im Rahmen der BGF bis zu einem Betrag von 500 Euro steuerfrei (vgl. GKV-Spitzenverband, 2010, S. 82).

Das Arbeitssicherheitsgesetz beinhaltet die Pflicht des Arbeitgebers, Betriebsärzte und Fachkräfte für Arbeitssicherheit zur Unterstützung beim Arbeitsschutz und bei der Unfallverhütung zu bestellen (vgl. ASiG, 2013). Das Arbeitszeitgesetz (ArbZG) regelt die Erholungszeiten am Arbeitsplatz und die Bedingungen der Nacht- und Schichtarbeit (vgl. ArbZG, 2013).

Im Folgenden wird der hohe Nutzen der gesundheitsförderlichen Interventionen für das Unternehmen und die Mitarbeiter beschrieben.

2.3.3 Nutzen der betrieblichen Gesundheitsförderung

Die BGF zielt auf eine Verbesserung der Gesundheit der Beschäftigten und soll einen ökonomischen Nutzen generieren (vgl. Lück et al., 2008, S. 79). Es muss in diesem Zusammenhang beachtet werden, dass sich die Erfolge von BGF oft erst zu einem späteren Zeitpunkt einstellen und messen lassen (vgl. Baumanns, 2009, S. 119). Unternehmen, die bereits Maßnahmen umsetzen, bestätigten, dass dadurch Fehlzeiten reduziert, Lohnfortzahlungen eingespart sowie die Mitarbeitergesundheit und Wettbewerbsfähigkeit verbessert werden (vgl. Lück et al., 2008, S. 77). In der Dienstleistungsbranche wird der höchste Nutzen in der verbesserten Patientenzufriedenheit, im optimierten Arbeitsschutz und in der Senkung der Entgeltfortzahlungen gesehen (vgl. Lück et al., 2008, S. 80). Zur Beurteilung des wirtschaftlichen Nutzen wird oft der Return on Investment (ROI; Kapitalrendite) angegeben, zu dessen Ermittlung der Nettonutzen durch die Kosten geteilt wird. Amerikanischen Studien zufolge konnten durch Maßnahmen der BGF die Krankheitskosten um 26,1 % gesenkt werden, der ROI lag bei den eingesparten Krankheitskosten zwischen 1:2,3 bis 1:5,9, sodass pro investiertem Dollar (Kosten), Einsparungen in Höhe des 2–6-Fachen möglich sind (vgl. Kreis, Bödeker, 2003, S. 32 f.; Sokoll et al., 2008, S. 58). Krankheitsbedingte Fehlzeiten verringern sich um ca. 26,8 % und der ROI liegt zwischen 1:2,5 und 1:4,85 (vgl. Sokoll et al., 2008, S. 59; Kreis, Bödeker, 2003, S. 5).

In einer von 2003–2007 durchgeführten Studie, in der mehr als 200 deutsche Betriebe zum wirtschaftlichen Nutzen befragt wurden, gaben Firmen mit mehr als 500 Mitarbeitern an, 140.000–1 Mio. Euro eingespart zu haben.

Bei Betrieben mit weniger Mitarbeitern lagen die Einsparungen bei 10.000–320.000 Euro (ein Unternehmen aus dem Gesundheitswesen sparte 100.000 Tsd. Euro ein) (vgl. Bonitz et al., 2007, S. 42 ff.).

Ein wichtiger Grund für die BGF, besonders für die Schichtarbeit stellt der Arbeitsplatz als Setting dar, *„ein Sozialzusammenhang, der relativ dauerhaft und seinen Mitgliedern auch subjektiv bewusst ist"* (Rosenbrock, Hartung, 2011). Über bestehende Kommunikationswege können sie fokussiert einen abgegrenzten, geschützten Raum erreichen und an Gesundheitsförderungsmaßnahmen beteiligt werden (vgl. Pelikan et al., 2010, S. 291 f.). Die geschlossene Adressatengruppe vereinfacht die Evaluation von Maßnahmen, da bestehende Daten einen Vorher-Nachher-Vergleich ermöglichen, z. B. eine Fehlzeitenstatistik (vgl. Kreis, Bödeker, 2003, S. 10 f.). Für die Mitarbeiter liegt der Nutzen in einer Verbesserung des Gesundheitszustandes, der Lebensqualität und dem Aufbau von Gesundheitskompetenz, sodass Belastungen reduziert werden können. Die Motivation und die Leistungsfähigkeit verbessern sich, dadurch erhöht sich die Arbeitszufriedenheit (vgl. BMG, 2011, S. 9). Dies zeigt, dass gesundheitsfördernde Maßnahmen für den Mitarbeiter und für den Arbeitgeber einen finanziellen und immateriellen Nutzen generieren. Insbesondere bei den PP im Schichtdienst sind gesundheitsfördernde Maßnahmen aufgrund des hohen Belastungspotenzials notwendig. Im folgenden Kapitel wird zunächst die Schichtarbeit beschrieben.

2.4 Schichtarbeit als Sonderform der Arbeitszeitorganisation

Das folgende Kapitel thematisiert die Schichtarbeit. Es werden Schichtsysteme beschrieben, Gründe für die Schichtarbeit erörtert sowie Rechtsgrundlagen dargestellt.

2.4.1 Definition und Gründe für Schichtarbeit

In Deutschland gibt es keine gesetzliche Definition für Schichtarbeit (vgl. Paridon et al., 2012, S. 59). Sie stellt jede Form der Arbeitszeitgestaltung dar, bei der mehrere Arbeitnehmer nach einem bestimmten Zeitplan (Schichtplan) abwechselnd an gleichen Arbeitsstellen eine übereinstimmende Arbeitsaufgabe erledigen. Sie erfolgt zu ständig ungewöhnlicher Zeit oder zu wechselnden Zeiten (vgl. Seibt et al., 2006, S. 390). Unter Nachtarbeit wird die Arbeit verstanden, die von 23 bis 6 Uhr mindestens zwei Stunden erfordert. Nur in Bäckereien und Konditoreien bestehen Ausnahmeregelungen (Nachtarbeit: 22 bis 5 Uhr) (§ 2, Abs. 3, 4 ArbZG). Schichtarbeit kann aus technologischen Gründen notwendig sein, da Maschinen oft nachts nicht abgeschaltet werden und Produktionsprozesse innerhalb der zulässigen Arbeitszeit nicht unterbrochen werden können. Ökonomische Gründe zwingen die Unternehmen dazu, kapitalintensive Maschinen optimal einzusetzen, um die Anlagen auszulasten. Ferner gewinnt der Schichtdienst aus Gründen der Versorgung der Bevölkerung mit Dienstleistungen zunehmend an Bedeutung (vgl. Hellert, 2011, S. 6).

2.4.2 Formen der Schichtarbeit

Die Schichtarbeit lässt sich in die Grundformen der permanenten und wechselnden Schichtsysteme unterteilen. Bei einem permanenten Schichtsystem wird der Arbeitnehmer in einer Schicht, z. B. Nachtschicht, eingesetzt. In Wechselschichtsystemen lösen sich die Arbeitnehmer zu unterschiedlichen Zeiten über mehrere Wochen hinweg ab (Rotation) ohne-/oder mit Nachtschicht bzw. Wochenendarbeit.

Es wird nach der Zahl der zu arbeitenden Schichten (z. B. Zwei- bzw. Dreischichtarbeit) und nach der Zeit der Schichten (z. B. Früh-, Spät- und Nachtschicht) differenziert. Merkmal der diskontinuierlichen Schichtarbeit ist eine Betriebszeit von weniger als 168 Stunden/Woche, sodass am Wochenende nicht oder evtl. nur an einem Wochenendtag gearbeitet werden muss. Die kontinuierliche Arbeit schließt Samstag- und Sonntagarbeit ein. Das Zweischichtsystem umfasst zwei Schichtbelegschaften (oft Früh- und Spätschicht), die in Abhängigkeit von der Betriebszeit, sieben bis zehn Stunden tätig sind. Zwölfstundendienste sind mit Ausnahmegenehmigung des zuständigen Amtes möglich. Wird in drei Schichten gearbeitet, handelt es sich um ein Dreischichtsystem. Es wird zwischen regelmäßigen Schichtsystemen, die festgelegte Arbeitszeiten aufweisen sowie unregelmäßigen Schichtsystemen, deren Personalbesetzung variiert, unterschieden (vgl. Hellert, 2011, S. 8).

In Deutschland überwiegen die Dreischichtsysteme (vgl. Paridon et al., 2012, S. 77). 2009 arbeiteten in Deutschland ca. drei Mio. Menschen ständig oder regelmäßig nachts zwischen 23 Uhr und 6 Uhr, temporär waren 2,4 Mio. Personen nachts tätig (vgl. Puch, 2010). Arbeitsmediziner sollten Schichtsystemen mit Nachtarbeit aufgrund der entstehenden gesundheitlichen und sozialen Probleme besondere Aufmerksamkeit schenken (vgl. Kapitel 3). Die gesetzlichen Auflagen zum Schutz der Gesundheit der Schichtarbeiter werden nachfolgend vorgestellt.

2.4.3 Rechtliche Rahmenbedingungen

Wesentliche Merkmale der Nacht- und Schichtarbeit sind die Dauer, Lage, Verteilung und der Rhythmus der Arbeitszeit, sodass der Gestaltung der Arbeitszeit eine erhebliche Bedeutung zukommt (vgl. Paridon et al., 2012, S. 13). Der Gesundheitsschutz wird primär in § 6 des Arbeitszeitgesetzes (ArbZG), als spezieller Teil des Arbeitsschutzrechtes, sichergestellt. Die Nacht- und Schichtarbeit ist gemäß § 6, Abs. 1 ArbZG nach den gesicherten arbeitswissenschaftlichen Erkenntnissen zu gestalten. Nach § 6 Abs. 2 ArbZG darf die tägliche Arbeitszeit (AZ) von acht Stunden nur auf zehn Stunden ausgedehnt werden, wenn die AZ pro Werktag nicht mehr als acht Stunden beträgt (§ 6 Abs. 2 ArbZG). Der Nachtarbeitnehmer hat das Recht sich vor Tätigkeitsbeginn und danach alle drei Jahre arbeitsmedizinisch untersuchen zu lassen, nach Vollendung des 50. Lebensjahres jährlich (§ 6 Abs. 3 ArbZG). Er kann sich auf einen geeigneten Tagesarbeitsplatz umsetzen lassen, sofern bei weiterer Nachtarbeit eine arbeitsmedizinische Gesundheitsgefährdung vorliegt oder wenn ein im Haushalt zu betreuendes Kind unter 12 Jahren oder ein schwerpflegebedürftiger Angehöriger lebt, die jeweils nicht von einem anderen im Haushalt lebenden Familienmitglied betreut werden können (§ 6 Abs. 4 ArbZG). Gemäß § 6 Abs. 5 ArbZG hat der Nachtarbeitnehmer Anspruch auf eine angemessene Zahl bezahlter freier Tage bzw. angemessenen Zuschlag bei geleisteter Nachtarbeit (§ 6 Abs. 5 ArbZG). Das Recht zur betrieblichen

Weiterbildung und aufstiegsfördernde Maßnahmen für Nachtarbeitnehmer wird hervorgehoben (§ 6 Abs. 6 ArbZG). Für Jugendliche unter 16 Jahren (§ 14 Abs. 1 Jugendarbeitsschutzgesetz) und für werdende und stillende Mütter (MuSchG) besteht ein Nachtarbeitsverbot (20:00 Uhr bis 06:00 Uhr) (vgl. Paridon et al., 2012, S. 23). Zusätzlich beeinflusst der Betriebsrat durch sein Mitbestimmungsrecht bei der Einführung, Ausgestaltung und Änderung von Schichtarbeit mittels Betriebsvereinbarungen (BetrVG § 87 Abs. 1 Nr. 2 und Nr. 7) die tatsächliche Festlegung der AZ ebenso wie durch Tarifverträge (vgl. Paridon et al., 2012, S. 26–29). Diese Bestimmungen tragen zum Gesundheitsschutz der Schichtarbeiter bei, da diese vielen Belastungen ausgesetzt sind.

2.5 Zusammenfassung und Erkenntnisgewinn

Die PP sind der entscheidende Leistungs- und Wettbewerbsfaktor, sodass Maßnahmen, die deren Gesundheit und Leistungsfähigkeit erhalten und fördern, wesentlich sind, besonders vor dem Hintergrund des demografischen Wandels (vgl. Deller et al., 2008, S. 198). Die BGF etabliert sich zunehmend in den Unternehmen. Sie sollte ganzheitlich ausgerichtet sein, alle Altersgruppen sowie Risikogruppen wie die PP im Schichtdienst im Krankenhaus fokussieren. Doch bevor auf diese eingegangen wird, werden die Folgen des Schichtdienstes dargelegt.

3 Folgen von Nacht- und Schichtarbeit auf den Menschen

Das folgende Kapitel geht auf die Störung des Schlaf-/Wachrhythmus ein, der zu vielen Gesundheitsbeschwerden führen und das Risiko für Erkrankungen erhöhen kann. Die individuell verschiedenen Belastungen der PP werden anhand des Belastungs-Beanspruchungs-Konzepts erläutert.

3.1 Belastungs-Beanspruchungs-Modell und Störung des zirkadianen Rhythmus

Die Mitarbeiter in Pflegeberufen sind durch die Schichtarbeit unterschiedlich stark beeinträchtigt. Für die Erläuterung dieser Belastung bietet sich das Belastungs-Beanspruchungs-Konzept an. Die Belastungen des tagaktiven Menschen ergeben sich aus der unzureichenden Anpassung des Körpers an die Verschiebung des Tagesrhythmus von Arbeit/Schlaf, also entgegen der inneren Uhr (biologische Desynchronisation). Es müssen zusätzliche Leistungsreserven aktiviert werden, bei gleichzeitiger verminderter Erholungsfähigkeit am Tag (vgl. Korczak et. al, 2002, S. 13 f.). Die Körperfunktionen (beispielsweise die Körpertemperatur) sind aufeinander abgestimmt und unterliegen der inneren Uhr, die im 24-Stunden-Rhythmus im Hypothalamus generiert wird. Deren Periodik bestimmt den Wechsel zwischen der Leistungsphase und der nächtlichen Erholungsphase (vgl. Seibt et al., 2006, S. 390).

Das Leistungshoch des gesunden Menschen liegt in der Frühschicht bei ca. 9.00 Uhr morgens und sinkt mit zunehmender Tageszeit. Es fällt nachts unter die Tageswerte und unter die Null-Linie. Der Tiefpunkt wird ca. drei Uhr nachts erreicht, es müssen zusätzliche Anstrengungen unternommen werden, um die gleiche Leistung zu erbringen und parallel dazu steigt die Fehler- und Unfallhäufigkeit an (vgl. Schweflinghaus, 2006, S. 11). Die Veränderung der physiologischen Leistungsfähigkeit im Verlauf des Tages wird im Folgenden aufgezeigt. Die Null-Linie entspricht der durchschnittlichen Leistungsfähigkeit des Menschen (vgl. Abbildung 3.1). Die Arbeitsbelastung variiert daher in Abhängigkeit von der Schichtart, sodass diese in der Frühschicht

100 %, in der Spätschicht 113 % und in der Nachtschicht 156 % beträgt (vgl. Dohm et al., 2008b, S. 143).

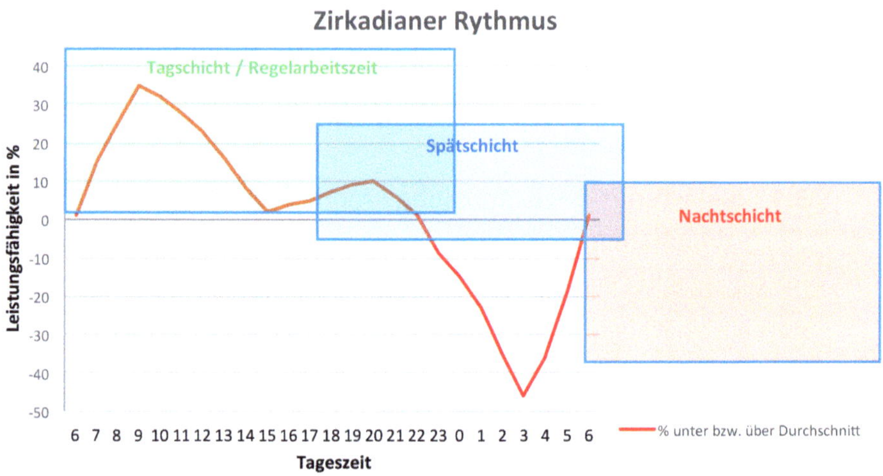

Abbildung 3.1: Durchschnittliche physiologische Leistungsfähigkeit (vgl. Schweflinghaus, 2006, S. 11)

Die innere Uhr wird durch Zeitgeber wie Temperatur, soziale Kontakte und besonders durch den Wechsel zwischen Helligkeit und Dunkelheit beeinflusst (vgl. Seibt et al., 2006, S. 390 f.). Mit Zunahme der Dunkelheit setzt die genetisch festgelegte, tagesperiodische Synthese des Hormons Melatonin ein, die frühmorgens endet. Alle Körperfunktionen werden reduziert (vgl. Harth et al., 2009, S. 13 f.). Eine Gewöhnung an einen veränderten Schlaf- bzw. Wachwechsel ist selbst bei mehreren Nachtschichten hintereinander nicht möglich (vgl. Schweflinghaus, 2006, S. 10 ff.; Griefahn, 2011, S. 18).

Die unterschiedliche Toleranz der Schichtarbeit zeigt sich besondere bei Menschen mit ausgeprägten Phasenlagen. Morgentypen (Lerchen) sind Frühaufsteher, deren zirkadiane Phasenlage zeitiger als bei den Abendtypen (Eulen) liegt. Sie stehen früh auf und gehen früh zu Bett, sodass sie mit Nachtschichten schlechter zurechtkommen und ein hohes Schlafdefizit entsteht (Griefahn, 2011, S. 16 ff.). Eulen bevorzugen die Nachtdienste. Ihr Schlafverhalten ist flexibel, sie schlafen vor Frühdiensten wenig, sodass ein Schlafdefizit entsteht (vgl. Griefahn, 2011, S. 16–18; vgl. Juda et al., 2013, S. 141–151).

Ältere Mitarbeiter entwickeln sich zunehmend zum Morgentyp, sodass nach Nachtschichten die Erholungs- und Umstellungsphase für sie problematischer ist (vgl. Brehmer, 2003, S. 40 f.). Schichtarbeiter sind im Vergleich mit Arbeitern im Tagdienst höheren körperlichen Belastungen und ungünstigen Umgebungseinflüssen ausgesetzt. Zunehmend müssen vom Pflegepersonal schwer erkrankte Menschen (multimorbide Patienten), Demenzerkrankte und sterbende Menschen versorgt werden (vgl. Bienstein, Mayer, 2014, S. 429). Tagsüber werden diese von mehr Pflegenden je Patient versorgt als in der Nachtschicht (vgl. de Cordova, et al., 2012, S.1454–1468). Einer Studie zufolge sind 72 Prozent der Pflegenden nachts allein auf einer Station tätig (vgl. Bienstein, Mayer, 2014, S. 430). Neben Tätigkeiten wie z. B. dem Stellen der Tabletten, Monitorüberwachungen oder dem Legen von Zugängen, sind beispielsweise Patienten, die zu Unruhezuständen und Stürzen neigen, zu beobachten (vgl. Bienstein, Mayer, 2014, S. 432). Oft kommen Notaufnahmen und Verlegungen auf die Intensivstation hinzu (vgl. Bienstein, Mayer, 2014, S. 431). Selten erhält die Pflegeperson im Nachtdienst bei Bedarf, in Notfallsituationen oder zur Inanspruchnahme einer Pause, eine weitere Person zur Hilfe, z. B. bei der Lagerung eines Patienten. Auch die psychische Belastung ist in der Nachtschicht höher. So fürchten sich z. B. Pflegende davor, dass Patienten sich Zugänge entfernen, sich unbeobachtet von der Station entfernen oder dass sie selbst stürzen und die Patientenversorgung dadurch nicht mehr gesichert ist (vgl. Bienstein, Mayer, 2014, S. 433). Die Vorgesetzten berücksichtigen die Bedürfnisse der Pflegenden im Nachtdienst oft weniger, es fehlt etwa eine an ihren individuellen Chronotyp angepasste Dienstplangestaltung. Auch der Handlungsspielraum der Pflegenden im Nachtdienst ist eingeschränkt, da sie z. B. nicht kontrollieren können, zu welcher Zeit die Arbeiten von Kollegen durchgeführt werden oder die Arbeitseinteilung nicht ihrer persönlichen Leistungskurve entspricht. Ferner sind die Fortbildungsmaßnahmen meist arbeitsplatzbezogen. Durch die Zeitvorgaben des Schichtdienstes, insbesondere des Nachtdienstes, wird eine Teilnahme an Fortbildungen erschwert, da diese meist tagsüber und damit in den Ruhephasen vor bzw. zwischen den

Nachtdiensten stattfinden. Das kann dazu führen, dass sich die im Nachtdienst tätigen Personen gegenüber der Tagesschicht von ihren Vorgesetzten weniger wertgeschätzt fühlen (vgl. Beermann, 2010, S. 81). Die stetige Übermüdung verringert die Flexibilität im Berufs-, Familien- und Freizeitleben, sodass familiäre Probleme und soziale Isolation die Folge sein können. Ferner steigt durch Müdigkeit das Unfallrisiko (vgl. Johnson, et al, 2014, S. 17–22, Powell, 2013, S. 2172–2184). Tätigkeiten wiederholen sich bis ins kleinste Detail. Pflegende in der Nachtschichtarbeit stehen im Gegensatz zu Tagarbeitern unter einem höheren Zeitdruck (41,2 % versus 27,7 %). Sie müssen bei der Ausübung ihrer Tätigkeit bis an die Grenzen ihrer Leistungsfähigkeit gehen (20,4 % versus 15,8 %), und die Tätigkeit ist emotional höher belastend als die der Tagarbeiter (14,9 % versus 11,1 %) (vgl. Beermann, 2008, S. 2).

Die wahrgenommene Beanspruchung durch die Schichtarbeit entsteht aus der unzureichenden individuellen Anpassungsleistung, die vom Organismus im Belastungsfall erbracht werden muss. Die Folgen zeigen sich in subjektiven Beschwerden, Gesundheitsbeeinträchtigungen, eingeschränkter Leistungsfähigkeit und negativen Folgen auf die soziale Situation, wobei die Verträglichkeit ganzheitlich zu betrachten ist. Intervenierende Variablen reduzieren oder verstärken die Auswirkungen, z. B. arbeitsbezogene Faktoren, die soziale/familiäre Situation und die individuelle Disposition (z. B. Morgenmensch oder Abendmensch, Gesundheitsverhalten, Einstellung zur Schichtarbeit). Dies erklärt die unterschiedliche Beanspruchung von Schichtarbeitern bei gleicher Belastung (vgl. Sczesny, 2003, S. 58 ff.; Costa, 1996, S. 13). Die Wirkungsmechanismen der Schichtarbeit auf den Menschen zeigt Abbildung 3.2.

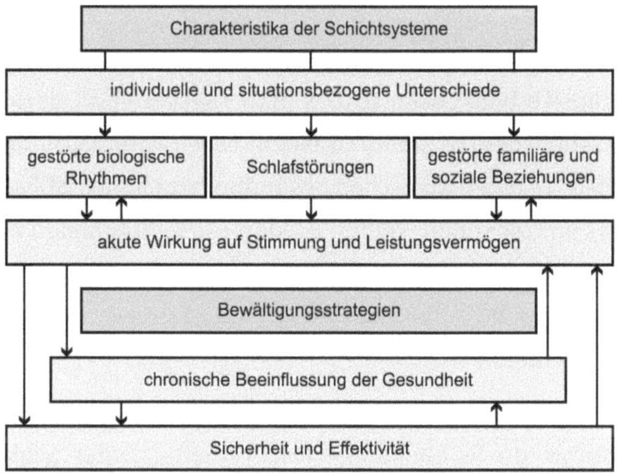

Abbildung 3.2: Modell über Mechanismen der Beeinflussung durch Schichtarbeit (vgl. Seibt et al., 2006, S. 393)

Abbildung 3.2 verdeutlicht, dass mit Bewältigungsstrategien bewusst und situationsspezifisch Belastungen entgegengewirkt werden kann, wobei zwischen dem aktiven Ergreifen von Gegenmaßnahmen (Engagement) und dem Verdrängen von Gegenmaßnahmen (Disengagement) unterschieden wird (vgl. Fullick et al., 2009, S. 451). Bei der Planung eines Seminarkonzeptes für Schichtarbeiter sind daher besonders die intervenierenden Variablen und das Engagement als bevorzugte Bewältigungsstrategie zu berücksichtigen (vgl. Fullick et al., 2009, S.451). Doch zunächst erfolgt ein Blick auf die gesundheitlichen Folgen von Schichtarbeit.

3.2 Gesundheitliche Auswirkungen von Schichtarbeit

Schichtarbeit führt zu keiner speziellen Erkrankung (vgl. Seibt et al., 2006, S. 392). Es wird zwischen kurzzeitigen- und langfristigen Erkrankungen unterschieden. Langfristige Erkrankungen weisen eine geringere Assoziation mit der Schichtarbeit auf als kurzzeitige Beschwerden (vgl. Beermann, 2010, S. 76). Langfristige Erkrankungen entstehen aufgrund des Arbeitens entgegen dem zirkadianen Rhythmus, z. B. Schlafstörungen, Magen-Darm-Beschwerden, Herz-Kreislauf-Erkrankungen sowie psychische Beeinträchtigungen (vgl. Hajak, Zulley, 2008, S. 70–77; Kim et al., 2013, S. 435 f.; Seibt et al., 2006, S. 392; Beermann, 2010, S. 76). Besonders nachts besteht ein erhöhtes Unfallrisiko (vgl. Costa, 2010, S. 114 f.; Becker et al., 2009, S. 10). Das Bundesverfassungsgericht stellte in einem Urteil vom 28.01.1992 fest, dass die Nachtarbeit für jeden Menschen gesundheitsschädlich ist (vgl. Paridon et al., 2012, S. 33). Im Folgenden werden die daraus resultierenden wesentlichen Beschwerden aufgeführt.

3.2.1 Schlafstörungen

Es leiden 10–40 % der Tagarbeiter, 10–95 % der Schichtarbeiter mit Nachtdiensten und 70–90 % ehemalige Nachtarbeiter unter Schlafstörungen (vgl. Kollig, 2006, S. 15; Zulley, 2011, S. 5). Dazu zählen Ein- und/oder Durchschlafstörungen und Tagesschläfrigkeit (vgl. Becker et al., 2009, S. 11). Durch die Verschiebung des Schlaf-Wach-Rhythmus bei Nachtarbeitern kommt es zu einem quantitativen und qualitativen Schlafmangel, pro Woche wird ein Schlafdefizit von ca. zehn Stunden aufgebaut. Die Tagschlaflänge bei Schichtarbeitern liegt bei ca. vier Stunden, die durchschnittliche Schlafdauer in Deutschland beträgt ca. sieben Stunden (vgl. Westermayer, 2010, S. 9 f.). Der Schlaf ist nicht ausreichend tief und die Traumphasen sind geringer. Länge und Anzahl der Tiefschlafphasen tragen jedoch maßgeblich zur körperlichen Erholung und die Traumphasen zur geistigen Erholung bei (vgl. Schweflinghaus, 2006, S. 20). Studien belegen, dass PP im Nachtdienst ca. drei Stunden weniger schlafen als PP im Tagdienst (vgl. Zverev, Misiri, 2009, S. 21). Schichtarbeiter im Nachtdienst (48 %) leiden häufiger als PP im Tagdienst (40 %) unter Schlafstörungen (vgl. Ghalichi et al., 2013, S. 101). Chien et al. (2013, S. 10) weisen in einer Studie von 156 weiblichen PP im Krankenhaus nach, dass 39,8 % der PP unter Schlafstörungen leiden. Insbesondere bei weiblichen PP kann das Schlafdefizit durch reduzierte Tagschlafzeiten, z. B. durch Hausarbeit und Kinderbetreuung, noch höher sein (vgl. Rotenberg et al., 2010, S. 497; Silva-Costa et al., 2013, S. 227). Der Tagschlaf wird durch einen erhöhten Lärmpegel, Helligkeit und eine erhöhte Temperatur (besonders im Sommer) gestört. Durch das Bedürfnis am sozialen/familiären Leben teilhaben zu wollen, gehen Schichtarbeiter oft nicht vor 22 Uhr schlafen, trotz Frühdienst (vgl. Kollig, 2006, S. 15 f.; Sczesny, 2003, S. 64). Unausgeglichenheit kann sich negativ auf die soziale und familiäre Situation auswirken und langfristig zur sozialen Isolation führen (vgl. Dohm et al., 2008b, S. 144).

3.2.2 Magen-Darm-Erkrankungen

Mit einem Anteil von 12,6 % (Stand: 2003) am Gesamtkrankenstand zählen Erkrankungen des Magen-Darm-Traktes zu den fünf wichtigsten Erkrankungen der PP (vgl. Grabbe et al., 2005, S. 151). 20–75 % der PP mit Nachtdienst (Tagarbeit: 10–25 %) leiden unter Magen-Darm-Beschwerden, inklusive Appetitstörungen, Verdauungsproblemen u. Ä. (vgl. Wedderburn, 2000, S. 21). Mahlzeiten sind wesentliche Synchronisierungen des Alltags, die für physiologische Aspekte und soziale Kontakte bedeutsam sind (vgl. Costa, 2010, S. 115).

Beschwerden ergeben sich aus den veränderten Essgewohnheiten, da nachts der Verdauungstrakt aufgrund der zirkadiane Rhythmik keine Nahrungsaufnahme vorsieht. Besonders im Nachtdienst werden oft unter Zeitdruck fett- und kohlenhydratreiche Lebensmittel konsumiert, sodass die Mahlzeit unausgewogen ist (vgl. Costa, 2010, S. 115; Beermann, 2008, S. 5). Studien belegen, dass PP in Wechseldiensten gegenüber derer im Tagdienst öfter vom Reizdarmsyndrom betroffen sind (vgl. Saberi, Moravveji, 2010, S. 3; Nojkov et al., 2010, S. 6 f.; Kim, et al., 2013, S. 436). Zudem wurde bei Nachtarbeitern als kurzfristig wirkende Bewältigungsstrategie – z. B. gegen Müdigkeit – ein erhöhter Kaffeekonsum und vermehrtes Rauchen festgestellt (vgl. Beermann, 2010, S. 75). Langfristig kann das Ernährungsverhalten, Rauchen sowie der hohe Kaffeekonsum zu Verdauungserkrankungen und Magengeschwüren führen (vgl. Knutsson, Boggild, 2010, S. 94; Sczesny, 2003, S. 70).

3.2.3 Kardiovaskuläre Risikofaktoren und Stoffwechselerkrankungen

Der Anteil kardiovaskulärer Krankheiten im Pflegeberuf lag im Jahr 2003 bei 10,4 % (Frauen: 3,2 %; Männer: 7,2 %) am Gesamtkrankenstand (vgl. Grabbe et al., 2005, S. 151). Studien bestätigen den Zusammenhang von Schichtarbeit und Herz- und Kreislauferkrankungen, der genaue Wirkmechanismus ist jedoch noch nicht geklärt. Schichtarbeit kann durch die biologische Desynchronisation zu einer erhöhten Produktion von Stresshormonen führen, den Blutdruck und die Herzfrequenz erhöhen sowie den Stoffwechsel von Fetten und Zuckern verändern (vgl. Kollig, 2006, S. 16). Studien verweisen auf den Verknüpfung zwischen Schichtarbeit und der erhöhten Prävalenz von Dyslipidämie, metabolischem Syndrom und Bluthochdruck (Tucker et al., 2012, S. 549–559). Ferner können arbeitsbedingte Risikofaktoren, psychosoziale Probleme und ungünstiges Gesundheitsverhalten (z. B. Rauchen) die Entstehung von kardiovaskulären Erkrankungen begünstigen (vgl. Beermann, 2008, S. 5). Studien zeigen nur begrenzte Verknüpfungen zwischen Schichtdienst und Herz-Kreislauf-Erkrankungen (vgl. Vyas et al., 2012, S. 4; Sfreddo et al., 2010, S. 4; Frost et al. Bonde, 2009, S. 177). Einige Untersuchungen bestätigen auch das Risiko für Stoffwechselerkrankungen (vgl. Cappuccio et al., 2010, S. 418 f.; Pietroiusti et al., 2009, S. 57; Yoshioka et al., 2012, S. 317). Schichtarbeit ist daher mit einem höheren Risiko für metabolische und kardiovaskuläre Erkrankungen verbunden, ein kausaler Zusammenhang wurde bisher jedoch nicht festgestellt (vgl. Paridon et al., 2011, S. 96).

3.2.4 Psychische Erkrankungen

Mit einem Anteil von 9,3 % am Krankenstand zählen psychische Erkrankungen zu den wichtigsten Erkrankungen bei den PP (vgl. Grabbe et al., 2005, S. 148). Nachtarbeiter leiden gegenüber Tagarbeitern vermehrt unter Müdigkeit, Unausgeglichenheit, Ängsten und Depressionen (vgl. Kollig, 2006, S. 17 f.; Wedderburn, 2000, S. 35). Psychische Belastungen können eine wesentliche Rolle bei psychosomatischen Beschwerden oder Erkrankungen (z. B. Magen-Darm- und Herz-Kreislauf-Beschwerden) spielen (vgl. Kollig, 2006, S. 18). Die Schichtarbeit bedingt eine stetige Störung der inneren Uhr, die zu Übermüdung führt, sodass ein Schlafdefizit aufgebaut wird. Es können familiäre/soziale Probleme entstehen, zu deren Bewältigung oft Sedativa (z. B. Schlafmittel) eingenommen werden (vgl. Wedderburn, 2000, S. 35). Eine Studie von Längsschnittdaten der englischen Bevölkerung belegt, dass Frauen im Nachtdienst oft von Angst betroffen sind und Männer von depressiven Verstimmungen (vgl. Bara, Arber, 2009, S. 365 f.). Neuere Studien weisen hingegen nach, dass bei Schichtarbeitern keine erhöhte Prävalenz für Angst oder Depressionen vorhanden ist, nur für Müdigkeit und Schlaflosigkeit (vgl. Oyane et al., 2013, S. 6; Eldevik et al., 2013, S. 1). Diese Symptome können auf ein Burnout-Syndrom (hohe körperliche, psychische, soziale Erschöpfung) hinweisen, das durch die Schichtarbeit negativ beeinflusst werden kann (vgl. Dohm et al, 2008b, S. 92; Buja et al., 2013; Nienhaus et al., 2012; Xie et al., 2011, S. 1537–1546).

3.2.5 Fehler und Unfallrisiko

Der Leistungsabfall – vor allem am Nachtdienstende – ist verbunden mit stark verminderter Aufmerksamkeit und Konzentration, sodass sich Fehler häufen und die Unfallgefahr steigt (vgl. Folkard, Tucker, 2003, S. 99; Chiu, Tsai, 2013, S. 325–330). Studien belegen, dass das Unfallrisiko im Schichtdienst höher als im Tagdienst ist (vgl. Beermann, 2010, S. 78). Eine kanadische Studie belegt, dass 14 % der Verletzungen bei Frauen und 8 % der Verletzungen bei Männern auf Schichtarbeit zurückzuführen sind, Mustard et al. (2012) kommen zu ähnlichen Ergebnissen (Frauen: 12,5 %; Männer: 5,8 %) (vgl. Wong, Mc Leod, Demers, 2011, S. 54–61; Mustard et al., 2012, S. 53). Das Verletzungsrisiko im Spätdienst ist im Vergleich zum Frühdienst um 17,8 % und im Nachtdienst um 30,6 % erhöht (vgl. Beermann, 2010, S. 78). Wagstaff und Lie Sigstad (2011) stellen eine Zunahme der Unfallhäufigkeit nach der achten Arbeitsstunde fest (vgl. Wagstad, Lie Sigstad, 2011, S. 173–185). Studien bestätigen, dass die Verletzungsgefahr schrittweise mit der Erhöhung der Wochenarbeitszeit zunimmt und auf ein Schlafdefizit zurückzuführen ist (vgl. Lombardi, et al., 2010, S. 1013–1030; Wirtz et al., 2012, S. 355). Beeinflusst wird das Unfallrisiko auch durch den individuellen Chronotyp (vgl. Vetter, Jua, Roenenberg, 2012, S. 1127–1138). Ferner lassen eine hohe Arbeitsbeanspruchung, widrige Arbeitsumgebung, unzureichende Pausen und private Beeinträchtigungen das Unfallrisiko steigen (vgl. Seibt et al., 2006, S. 392; Costa, 2010, S. 114 f.).

3.2.6 Krebserkrankungen

Die International Agency for Research on Cancer (IARC) der WHO stufte im Jahr 2007 die Schichtarbeit als wahrscheinlich krebserregend beim Menschen ein (vgl. Straif et al., 2007, S. 1065 f.).

Acht Studien untersuchten den Zusammenhang von Schichtarbeit und Brustkrebs im Vergleich zu Frauen ohne Nachtarbeit, dabei wurde in fünf Studien bei Schichtarbeiterinnen ein schwacher Anstieg des Brustkrebsrisikos gefunden (vgl. Paridon et al., 2011, S. 96). Studien bei PP und Flugbegleitern belegen, dass eine mehr als 20-jährige Schichtarbeit mit einem erhöhten Brustkrebsrisiko bei Frauen verbunden ist (vgl. Brüning et al., 2011, S. 14; Rabstein et al., 2013, S. 454).

Dagegen besteht nach Studien von Pronk et al. (2010, S. 958) und Pesch et al. (2010, S. 139) keine Assoziation zwischen Nachtdienst und Brustkrebs. Die bisherigen wissenschaftlichen Erkenntnisse können also nicht belegen, dass die Schicht- /Nachtarbeit das Krebsrisiko erhöht (vgl. Paridon et al., 2011, S. 97).

3.3 Soziale Auswirkungen

Die Familie und das soziale Umfeld sind von großer Bedeutung für Gesundheit und Wohlbefinden (vgl. Paridon, 2011, S. 119). Die Schichtarbeit kann jedoch zu sozialen Beeinträchtigungen im sozialen und privaten Umfeld führen, da die Arbeitszeiten versetzt sind und den zeitlichen, sozialen Gewohnheiten entgegenstehen (soziale Desynchronisation). Die Teilnahme an Weiterbildungen und sozialen Veranstaltungen, die Ausübung von Hobbys und gesundheitsförderlichen Aktivitäten sind beeinträchtigt (vgl. Seibt et al., 2010, S. 391). Die Freizeit ist durch die begrenzten Möglichkeiten und das stärkere Erholungsbedürfnis aufgrund der Schichtarbeit eingeschränkt. Die Kontakte zu Freunden werden erschwert, jedoch können durch den jahrelangen Schichtdienst unter den Kollegen Freundschaften entstehen (vgl. Seibt et al., 2010, S. 391; Drizhal et al., 2008, S. 14). Ferner leidet das Familienleben. Es sind organisatorische Absprachen notwendig, um z. B. Mahlzeiten gemeinsam einzunehmen, da sich der Kontakt reduziert (vgl. Seibt et al., 2006, S. 391;

Strzemecka et al., 2013, S. 300). Schichtarbeiter mit kleinen Kindern geben an, dass sie durch die Spiele einem erhöhten Lärm ausgesetzt sind, der Tagschlaf beeinträchtigt wird und vermehrt Konflikte auftreten (vgl. Haines et al., 2008, S. 341–356). Indem die Familie als zentrale soziale Unterstützung wegfällt, können negative gesundheitliche Folgen entstehen (vgl. Willis et al., 2008, S. 125–137). Zwischen Kindern und Eltern kann es zur Entfremdung kommen, da sie als Bezugspersonen fehlen.

Besonders bei Nachtdienstlern kommt es durch die Aufgaben als Mutter und Hausfrau und die Berufstätigkeit zu einem Rollenkonflikt (vgl. Drizhal et al., 2008, S. 12 f.). Eine Studie bei 129 kroatischen PP bestätigt, dass der Rollenkonflikt im Nachtdienst am höchsten, im Frühdienst dagegen am geringsten ist (vgl. Simunic, Gregov, 2012, S. 194 f.). Allerdings ermöglicht die Schichtarbeit eine höhere Flexibilität. So erlauben z. B. gewisse Schichtformen *„größere Freizeitblöcke und feste planbare Arbeitszeiten“*, sodass im Vergleich mit der normalen Arbeitszeit mehr Zeit für das Familien- und Sozialleben zur Verfügung stehen kann (Meissner, Stockfisch, 2011, S. 12). Die sozialen Folgen werden also vom privaten Umfeld der Schichtarbeiter und der Einstellung zur Schichtarbeit beeinflusst (vgl. Seibt et al., 2006, S. 391).

3.4 Zusammenfassung und Erkenntnisgewinn

Die gesundheitlichen Störungen der Schichtarbeit entstehen durch das Arbeiten gegen die innere Uhr, verbunden mit einer physiologischen und sozialen Desynchronisation. Das Ausmaß wird von intervenierenden Variablen beeinflusst und ist individuell verschieden. Es zeigen sich kurzfristige Beschwerden (gut dokumentiert) beispielsweise in Form von Schlafstörungen. Aufgrund wissenschaftlicher Daten wird vermutet, dass die Schichtarbeit das Risiko für langfristige Erkrankungen, z. B. Herz- und Kreislauf-Erkrankungen, erhöht (vgl. Angerer, Petru, 2010, S. 96). Viele Untersuchungen erlauben jedoch kaum eine Ableitung von Ursache-Wirkungsbeziehungen und enthalten den healthy-worker-effect (Selbstselektion von Beschäftigten) (vgl. Shah, 2009, S. 77–79). Das heißt, unter erschwerten Arbeitsbedingungen wie z. B. dem Schichtdienst (inklusive Nachtdienst), sind vorrangig Personen beschäftigt, die gegenüber der Gesamtbevölkerung statistisch gesünder sind und einen stabileren Gesundheitszustand aufweisen (vgl. Costa, 2003, S. 83–88). Es gibt keine bindende Definition von Schichtarbeit, sodass zukünftig im Zusammenhang mit der Untersuchung der Folgen u. a. die Anzahl der Schichten/Tage und die Schichtjahre beachtet werden sollten (vgl. Stevens et al., 2011, S. 154). Forschungsdefizite sind vor allem in den Folgen für das Privat- und Sozialleben zu sehen (vgl. Paridon, 2011, S. 141). Ferner liegen kaum wissenschaftliche Studien zum individuellen Gesundheitsverhalten vor, um Präventionsmaßnahmen ableiten zu können. Es wird deutlich, dass die nachhaltige Gesunderhaltung der Mitarbeiter wesentlich ist, sodass Maßnahmen der BGF effektiv einzusetzen sind.

4 Maßnahmen zur betrieblichen Gesundheitsförderung im Schichtdienst

Im folgenden Kapitel werden effektive Instrumente zur Umsetzung der BGF und verhältnisbezogene Interventionen zur Stärkung der Gesundheit und des Wohlbefindens der Schichtarbeiter kurz vorgestellt, da der Fokus dieser Arbeit auf der Förderung der Gesundheitskompetenz (individuelle Bewältigungsstrategien) liegt.

4.1 Instrumente der betrieblichen Gesundheitsförderung

Die zentralen Erfolgsfaktoren von BGF sind durch die Einbindung des Managements, der Führungskräfte, des Betriebsrats, der Sicherheitsfachkräfte und der Beschäftigten sowie insbesondere durch Transparenz mittels Information und Kommunikation gekennzeichnet (vgl. Schwennen, Schwennen, 2008, S. 42; Spicker, Schopf, 2007, S. 36). Mit einem professionellen Projektmanagement und unter Berücksichtigung spezifischer Rahmenbedingungen/Arbeitsanforderungen kann mit nachfolgenden Instrumenten der Bedarf ermittelt werden (vgl. Spicker, Schopf, 2007, S. 123).

Zu den effektivsten Instrumenten zählt die Mitarbeiterbefragung, mit der sich Belastungen, Bedürfnisse, Gesundheitszustand und Gesundheitskultur erheben lassen und eine Einschätzung der Arbeitszufriedenheit und -situation ermöglicht wird (vgl. Uhle, Treier, 2011, S. 99). Speziell die persönliche Gesundheitseinschätzung stellt für das Unternehmen eine wichtige Gesundheitsinformation zur Planung und Umsetzung von Interventionen dar (vgl. Schwarzer, 2004, S. 90–93).

Gesundheitszirkel spielen in diesem Zusammenhang eine wichtige Rolle. Es handelt sich dabei um moderierte innerbetriebliche Arbeitskreise, die freiwillig über einen bestimmten Zeitraum gesundheitsbeeinträchtigende Arbeitssituationen analysieren und gesundheitsgerechte Verbesserungsvorschläge erarbeiten. In diesem Zusammenhang sind zwei Modelle von Bedeutung. Beim Düsseldorfer Modell ist die Gruppe fachlich und hierarchisch gemischt und das Expertenwissen wird berücksichtigt, beim Berliner Modell hingegen besteht ein gleicher Hierarchiestatus (vgl. Gerstner, Schambortski,

Wilhelm, 2008, S. 198). Im jährlichen betrieblichen Gesundheitsbericht sind Ergebnisse aus verschiedenen Daten- und Informationsquellen enthalten (u. a. aus Mitarbeiterbefragungen, Gefährdungsbeurteilungen, Gesundheitszirkeln, Unfallstatistiken sowie von Krankenkassen aufbereitete Arbeitsunfähigkeitsanalysen). Auf deren Grundlage können Maßnahmen entworfen, entwickelt, umgesetzt und evaluiert werden (vgl. Gerstner et al., 2008, S. 186; Spicker, Schopf, 2007, S. 123). Das Vorgehen eines professionellen Projekts richtet sich nach dem Regelkreis aus Diagnose, Planung, Intervention und Evaluation (vgl. Walter, 2010, S. 155). Zur Verstetigung und nachhaltigen Wirkung von Gesundheitsförderungsprogrammen bilden die Partizipation und die Befähigung der Beschäftigten zur Eigenverantwortung eine unerlässliche Voraussetzung (vgl. Pelster, 2012, S. 192). Die Beschäftigten sind durch den Vorgesetzten einzubinden, als Experten in ihrem Arbeitsbereich ernst zu nehmen, sodass ihnen bewusst wird, dass sie bei der Mitgestaltung und Durchführung von BGF wesentlich beteiligt sind (vgl. Auinger, 2005, S. 72 ff.). Auf die Interventionen der BGF geht das nächste Kapitel ein.

4.2 Interventionen der betrieblichen Gesundheitsförderung

Gesundheitsbezogene Interventionen lassen sich in verhaltens- und verhältnisbezogene Interventionsstrategien differenzieren. Verhaltensbezogene Maßnahmen setzen am Individuum an und sollen z. B. mittels Information gesundheitsgefährdende Verhaltensweisen minimieren bzw. beseitigen (z. B. Ernährungsberatung). Verhältnisbezogene Maßnahmen zielen auf eine gesundheitsförderliche Gestaltung der Arbeit und Arbeitsbedingungen (vgl. Altgeld, Kolip, 2010, S. 42). Tabelle 4.1 stellt die Wirkungsbereiche personen- und bedingungsbezogener Interventionen dar. Besonders effektiv ist die Kombination beider Interventionsmaßnahmenarten, die individuell auf das Unternehmen und die Mitarbeiter abgestimmt werden (vgl. Sockoll et al., 2008, S. 64). Dadurch werden gesundheitliche Belastungen reduziert, die Leistungsfähigkeit erhöht und krankheitsbezogene Ausfallzeiten gesenkt (vgl. Ulich, 2005, S. 519).

Tabelle 4.1: Personen- und bedingungsbezogene Interventionen der BGF (Ulich, 2005, S. 529)

Interventionen	personenbezogene = verhaltensorientiert	bedingungsbezogene = verhältnisorientiert
bezogen auf	einzelne Personen → individuumsorientiert	Arbeitssysteme und Personengruppen → strukturorientiert
Beispiele für Maßnahmen	Rückenschule, Stress-immunisierungstraining	vollständige Aufgaben, Gruppenarbeit, Arbeitszeitgestaltung
Wirkungsebene	individuelles Verhalten	Organisationales, soziales und individuelles Verhalten
personenbezogene Effekte	Gesundheit, Leistungsfähigkeit	positives Selbstwertgefühl, Kompetenz, Kohärenzerleben, Selbstwirksamkeit, internale Kontrolle, Motivation, Gesundheit, Leistungsfähigkeit
wirtschaftliche Effekte	Reduzierung krankheitsbedingter Fehlzeiten	Verbesserung der Produktivität, Qualität, Flexibilität und Innovationsfähigkeit, geringere Fehlzeiten und Fluktuationen
Effektdauer	kurz- bis mittelfristig	mittel- bis langfristig

Im Rahmen verhältnisbezogener Maßnahmen sind folgende Aspekte für eine gesundheitsförderliche Arbeitsgestaltung relevant:

> *„Sinnhaftigkeit der Aufgabe, Klarheit der Ziele, Vermeidung chronischer Über- oder Unterforderung, angemessene Handlungsspielräume, anerkennende Rückmeldungen." (Badura et al., 2010, S. 47)*

Ferner wirken sich eine gesunde Führung, Transparenz, Partizipation, zielgruppenspezifische und zeitnahe Kommunikation sowie eine mitarbeiterorientierte Kultur positiv und nachhaltig auf die Arbeitszufriedenheit, Gesundheit und das Wohlbefinden der Mitarbeiter aus (vgl. Uhle, Treier, 2011, S. 107 f.). Wesentlich sind die Bereitstellung ergonomischer Arbeitsmittel und vor allem die Schichtplangestaltung nach wissenschaftlichen Erkenntnissen. Folglich sollten möglichst nicht mehr als drei Nachtdienste in Folge geleistet werden, eine Ruhephase von mindestens 24 Stunden erfolgen und die Anzahl der freien Tage sollte höher als die der Tagarbeiter sein. Es sind mehr zusammenhängende Wochenendfreizeiten zu gewähren, statt einzelner freier Tage am Wochenende. Ein vorwärtsrotierender Schichtrhythmus ist zu bevorzugen (Früh-, Spät-, Nachtschicht). Vorteilhaft sind auch ein spät beginnender Frühdienst sowie ein frühes Ende des Nachtdienstes. Negativ ist dagegen das Ansammeln längerer Arbeitszeiten auf eine kurze Zeitspanne. Die Schichtpläne sollten überschaubar und transparent sein. Die individuellen Präferenzen sind bei der Schichtplangestaltung zu berücksichtigen, da dies die Arbeitszufriedenheit erhöht (vgl. Beermann, 2010, S. 79 ff.).

Zu den besonders effektiven BGF-Programmen zählen neben Bewegungsprogrammen die Mehrkomponentenprogramme. Sie bearbeiten mehrere Risikofaktoren zielgerichtet und parallel, verbinden Verhaltens- mit Verhältnisprävention miteinander, sodass bedingt durch ihre Wechselwirkung sich mit den geänderten Verhältnissen das Verhalten der Mitarbeiter ändert und umgekehrt (vgl. Kreis, Bödeker, 2003, S. 28). Die Angebote richten sich oftmals an Hochrisikogruppen, beispielsweise zur Verbesserung der Herz-Kreislauf-Risikofaktoren (vgl. Cho et al., 2009, S. 542–550).

Die Effektivität eines Präventionsprogramms gegen Übergewicht untersuchten Lemon et al. (2010) bei 806 Beschäftigten aus sechs amerikanischen Krankenhäusern. Das Bewegungsverhalten sollte z. B. durch an Aufzügen angebrachte Hinweisschilder auf Treppen verbessert werden, das Kantinenessen gesünder sein. Außerdem sollten Workshops veranstaltet werden. Bei den Teilnehmern konnte eine Gewichtsabnahme – in Abhängigkeit von der Häufigkeit der Teilnahme an den Gesundheitsangeboten – erzielt werden (vgl. Lemon et al., 2010, S. 27–38). Bewegungsprogramme zielen auf eine Steigerung der körperlichen Leistungskraft, um einen besseren Umgang mit Stress zu ermöglichen sowie Krankheitstage zu reduzieren.

Eine Studie untersuchte ein Programm für PP in einem norwegischen Pflegeheim. Das Bewegungsprogramm fand neun Monate, zweimal wöchentlich in der Arbeitszeit statt. Es basierte auf einem standardisierten Aerobic-Programm mit dem Ziel, Krankheitstage zu reduzieren. Dies war ineffektiv, doch wurde die Arbeitszufriedenheit erhöht. Ein Nachteil der Untersuchung war die fehlende Nachbeobachtung (vgl. Tveito, Eriksen, 2009, S. 110–119). Darüber hinaus belegt eine Studie, dass ein begleitendes Telefoncoaching zur physiotherapeutischen Betreuung die körperliche Aktivität fördern kann (vgl.

Iles et al., 2010, S. 231–238). Auch Ammentorp et al. (2013) bestätigen, dass ein begleitendes Coaching mit individualisiertem Feedback die Selbsterkenntnis und die Haltung der Teilnehmer, z. B. zur Ernährung, verbessern würde (vgl. Ammentorp, Jensen, Uhrenfeldt, 2013, S. 41–47).

Ergebnisse einer Befragung von mehr als 2.000 Arbeitnehmern zeigen, dass besonders Sportangebote genutzt werden. Auffallend ist die positive Bewertung der gesundheitsfördernden Angebote bei ausbaufähiger Teilnahmequote (vgl. Zok, 2009, S. 88 ff.). Studien weisen eine höhere Teilnahme an BGF-Maßnahmen nach, wenn diese mit einem Anreiz für die Beschäftigten verbunden sind und wenn es sich um ein Mehrkomponentenprogramm handelt. Es lässt sich feststellen, dass nur wenige Studienergebnisse bisher die Determinanten der Teilnahme an Gesundheitsprogrammen (z. B. arbeitsbezogene Faktoren) untersuchten. Forschungen sind notwendig, um spezielle Gesundheitsprogramme für Schichtarbeiter zu entwickeln (vgl. Robroek et al., 2009, S. 1). Studien zufolge können bedarfsorientierte, gezielte Schulungen und Workshops die Risikofaktoren und den Lebensstil der Mitarbeiter im Schichtdienst beeinflussen (vgl. Richter et al., 2010, S. 617). Im Folgenden wird zunächst das HAPA-Modell zur Vorhersage des Gesundheitsverhaltens vorgestellt.

4.3 Theorie des Gesundheitsverhaltens

Erfolgreiche Maßnahmen der BGF orientieren sich am Bedarf, sensibilisieren, entwickeln Gesundheitskompetenz und schaffen es, die Mitarbeiter langfristig für ein gesundheitsbewusstes Handeln zu motivieren (vgl. Uhle, Treier, 2011, S. 17ff). Die Gesundheitsforschung entwickelte hierzu mehrere Theorien, nachfolgend soll das sozialkognitive Prozessmodell, Health Action Process Approach (HAPA), ein Hybridmodell aus motivationalen Anteilen (Zielbildung) und volitionalen Anteilen (Planung) zur Erklärung und Vorhersage von Gesundheitsverhalten dargestellt werden. Es geht davon aus, dass im Verhaltensänderungsprozess erst ein Prozess der Entscheidung und Motivation durchlaufen werden muss, der zur Zielbildung für ein Gesundheitsverhalten führt (vgl. Lippke, Renneberg, 2006, S. 56). Um eine Verhaltensänderung zu erzielen, müssen zwei Phasen durchlaufen werden. Dabei kann die nächste Phase erst nach Durchlaufen der vorhergehenden Phase erfolgen, wobei verschiedene sozialkognitive Faktoren erforderlich sind (vgl. Fleig, et al., 2010, 69–78).

In der ersten Phase, der Motivationsphase, befinden sich die noch nicht aktiven und unmotivierten Individuen. Über Sensibilisierung und Kommunikation von individuellen Risiken und Vorteilen kann auf die Risikowahrnehmung der Absichtslosen eingewirkt werden, jedoch sollte die Kommunikation von Ressourcen, wie Coping-Fähigkeiten zur Erarbeitung von Präventionsstrategien, im Mittelpunkt stehen (vgl. Schwarzer, 2011). Die Risikowahrnehmung stellt die eigene Bewertung des Schweregrads von Krankheiten und individuelle Verletzlichkeit dar. Bei festgestellter Gefahr kommt es zum Einschätzen von Handlungsergebniserwartungen für das Gesundheitsverhalten und bei positiver Bilanz zu einer Absichtsbildung für eine konkrete Zielsetzung. Für die Zielsetzung ist die Selbstwirksamkeitserwartung (SWE) wesentlich, z. B.: „Ich bin mir sicher, regelmäßig Sport ausüben zu können." Eine konkrete Zielsetzung, eine Absichtsbildung, ist Voraussetzung für den Wechsel in die volitionale Phase. Diese kann entweder präaktional (= Handlungsplanung) oder aktional (= Handlungsausführung) sein. Folgendes Beispiel illustriert die volitionale Phase: „Ich beabsichtige, dreimal pro Woche, je 30 Minuten, Pilates auszuüben" (vgl. Lippke, Renneberg, 2006, S. 56 f.). Hier wird die Intention mittels individueller und detaillierter Handlungsplanung (präaktionale Volitionsphase), als Voraussetzung für die folgende Handlungsausführung und -aufrechterhaltung, mit ständiger Handlungsausführungskontrolle (aktionale Volitionsphase), umgesetzt. Die Selbstwirksamkeitserwartung (SWE) ist hier besonders wesentlich (vgl. Lippke, Renneberg, 2006, S. 57). Unterstützend wirkt die Kommunikation von Ressourcen durch Motivation und das Aufzeigen von Coping-Strategien zur Erhöhung der SWE und besonders durch soziale Unterstützung (vgl. Schwarzer, 2011). Um einem Disengagement entgegenzuwirken, ist besonders auf eine Rückfallprävention bei den Motivierten zu achten (vgl. Lippke, Renneberg, 2006, S. 58). Die Grundprinzipien des HAPA-Modells illustriert die Abbildung 4.1.

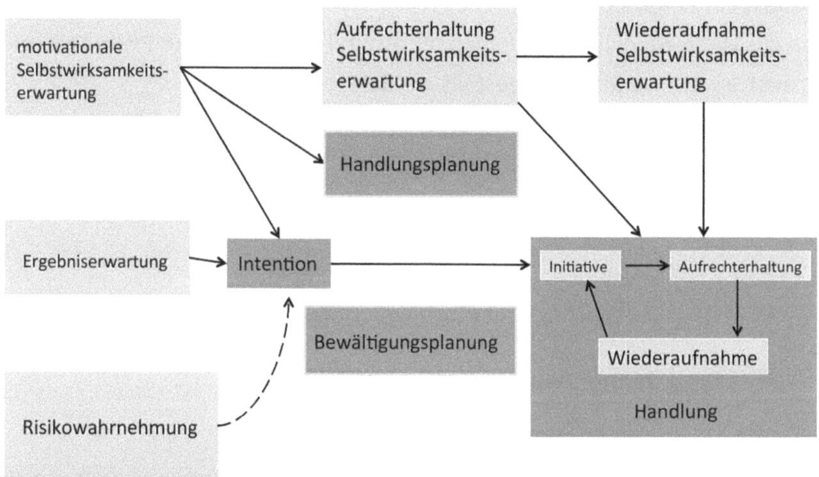

Abbildung 4.1: Modell des Health Action Process Approach (vgl. Lippke, Renneberg, 2006, S. 57)

Das Modell wird in Studien zur Untersuchung von Bewegungs-, Ernährungsverhalten oder chronischen Erkrankungen genutzt (vgl. Fleig et al., 2010, S. 69–78; Schwarzer, et al., 2011, S. 161–170). Es gibt wesentliche Hinweise zur Konzeption von Interventionen, da die Teilnehmer den einzelnen Stadien zugeordnet werden können, sodass ein besseres Eingehen auf die Bedürfnisse der Teilnehmer ermöglicht wird.

4.4 Zusammenfassung und Erkenntnisgewinn

Die Schaffung gesundheitsfördernder Arbeitsbedingungen, die Aufklärung über gesundheitsfördernde Einflüsse und die Förderung individueller Bewältigungskompetenzen zur Vermeidung von gesundheitlichen Beschwerden sind wesentlich und lassen sich durch verschiedene Faktoren beeinflussen (vgl. Naidoo, Wills, 2010, S. 99). Bisher gibt es für PP, die im Krankenhaus im Schichtdienst arbeiten, keine ganzheitlichen Programme, die auf die gesundheitlichen und sozialen Probleme eingehen. Der unregelmäßige Tagesrhythmus erschwert den Schichtarbeitern den Zugang zu den verhaltensorientierten Angeboten, und die Angebotsinhalte sind meist für sie nicht relevant, sodass ein zielgruppenspezifisches Seminarkonzept vonnöten ist. Angelehnt an das HAPA-Modell soll im folgenden Kapitel ein Konzept für PP im Schichtdienst, im Krankenhaus, vorgestellt werden.

5 Seminarkonzept für „Gesund und fit im Schichtbetrieb"

Die Pflegekräfte im Schichtdienst unterliegen vielen gesundheitlichen und sozialen Folgen (vgl. Kapitel 3). Um diese zu reduzieren bzw. vorzubeugen, sollen die PP, die im Schichtdienst tätig sind, in einem zielgruppenspezifischen Seminar für eine gesunde Lebensführung sensibilisiert werden. Es werden ein Gesundheits-Check-up, Rahmenbedingungen und Seminarmodule sowie die Evaluation, die Kosten und der Nutzen des Seminars thematisiert. Außerdem werden Empfehlungen für Folgemaßnahmen gegeben. Zunächst wird jedoch als Präventionsansatz der betriebliche Gesundheits-Check-up vorgestellt.

5.1 Gesundheits-Check-up im Vorfeld

Neben arbeitsmedizinischen Vorsorgeuntersuchungen sollten präventive Gesundheits-Check-ups zur Identifizierung persönlicher Gesundheitsrisiken oder negativem Gesundheitsverhalten erfolgen (vgl. BMG, 2013b). Der Check-up sollte mit dem Eintritt ins Unternehmen, nach Beendigung der Seminarmodule und im Anschluss daran alle zwei Jahre erfolgen. Alle Daten sind anonym und vertraulich zu behandeln. Der Check-up ermittelt folgende Daten: Blutdruck, Blutbild, Blutzucker, Cholesterin, Vorerkrankungen, Nikotin- und Alkoholkonsum sowie die Größe und das Gewicht zur Berechnung des Body-Maß-Index (BMI), um den Körperfettanteil zu erheben (BMI = Körpergewicht ÷ Körpergröße^2 [kg/m^2])[1]. Eine Ersteinschätzung des Gesundheitsverhaltens erfolgt in der Abfrage zur Häufigkeit von Ausdauersport. Die Herz-Kreislauf-Leistungsfähigkeit sollte mit einem Physical Working Capacity (d.h. PWC-Test), einem Stufentest auf dem Fahrradergometer, bestimmt werden. Die Leistungsfähigkeit ist umso schwächer, je schneller der Puls bei Belastungszunahme steigt. Innerhalb der Altersgruppe kann die Leistungsfähigkeit abgeschätzt und für das Herz- und Kreislauftraining können individuelle Herzfrequenzen abgeleitet werden (vgl. Schöpf, 2013). In einem

1 Bei einem BMI von 18,5–24,9 liegt Normalgewicht vor (vgl. WHO, 2013).

anschließenden Arztgespräch erhalten die PP auf Grundlage der Ergebnisse ein personalisiertes Gesundheitsrisikofeedback. Sie werden zu gesundheitsorientiertem Handeln motiviert, indem sie entsprechend ihres Risikoprofils z. B. zu einem individuellem Training beraten werden und persönliche Zielvereinbarungen verschriften. Diese dienen der Motivation und üben eine Erinnerungsfunktion aus, da die Ziele bis zur nächsten Gesundheitsberatung von der PP anzustreben sind. Ein detaillierter Handlungsplan unterstützt die erfolgreiche Zielerreichung. Zum Beispiel im Sport: Was wird wann, wie oft, wie lange, wo und mit wem geplant? (vgl. Schwarzer, 2004, S. 97). Es wird die Gesundheitskompetenz der PP gesteigert und die allgemeine Gesundheitskultur im Krankenhaus gefördert. Die Ergebnisse ermöglichen eine individuelle Präventionsanalyse, sodass Gesundheitspotenziale erkannt und zielgerichtete Maßnahmen ergriffen werden können (z. B. Differenzierung von Seminarthemen oder -inhalten). Zur Gewährleistung einer nachhaltigen Gesundheitsförderung sind ergänzend individuelle Gesundheitsberatungen im Krankenhaus (jeweilige Dauer: 10–60 Minuten) nach Zeitintervallen anzubieten: drei monatliche sowie drei optionale. Mindestens drei Beratungen sollten persönlich durch eine Vertrauensperson im Krankenhaus, etwa den Betriebsarzt oder den Arbeitspsychologen, erfolgen. Motivierende Telefonate oder Kontakt per E-Mail (z. B. Erinnerung an vereinbarte Ziele) können förderlich wirken (vgl. Cicolini et al., 2013). Die Medien sind den Teilnehmern vertraut, sind flexibel kombinierbar und verursachen geringe Kosten, sodass sie als Methode geeignet sind.

Bei stetiger Wahrung des Datenschutzes können Probleme thematisiert und Bewältigungsstrategien besprochen werden (vgl. Faryn-Wewel, Schulz, Matschey, o. J., S. 74). Beratungen finden auch persönlich auf Station statt, etwa zur Demonstration einer ergonomisch richtigen Arbeitsweise. Es wird die Methode der motivierenden Gesprächsführung (MI) angewendet. Es handelt sich um eine patientenzentrierte und direktive Methode, die Menschen durch die Bearbeitung und Abbau von Ambivalenzen zu einer Verhaltensänderung motiviert (vgl. Faryn-Wewel, Schulz, Matschey, o. J., S. 75). Die Motivation der Teilnehmenden kann dadurch erhöht werden, es werden individuelle Meilensteine zur Erreichung von Etappenzielen definiert und über die Fixierung von Zielen ein konkreter Handlungsplan erstellt. Wichtig ist in diesem Zusammenhang eine Empathie gegenüber den PP und deren Situation. Es wird die Diskrepanz zwischen dem derzeitigen Verhalten und den gefassten Zielen aufgezeigt. Wichtig sind zudem ein konstruktiver Umgang mit Barrieren und die Stärkung der Selbstwirksamkeit. Je nach Veränderungsstadium (z. B. Absichtsbildung) werden folgende Gesprächstechniken eingesetzt: offene Fragen, Anerkennung, aktives Zuhören und Zusammenfassen des Gesagten. All dies geschieht, um Vor- und Nachteile des Verhaltens zu analysieren (vgl. Commer, 2009, S. 20 f.).

Die Beratungen haben die Sicherstellung der praktischen Umsetzung des Gelernten und die Aufrechterhaltung der Motivation für ein gesundheitsförderliches Verhalten zum Ziel. Darüber hinaus werden die PP individuell über Angebote der BGF im Krankenhaus informiert und bekommen Infomaterial ausgehändigt. Die Ergebnisauswertung nach Zeitintervallen und der Check-up nach Abschluss des Bewegungsmoduls ermöglichen eine Soll-Ist-Auswertung (nachhaltige Gesundheitsförderung). Dies trifft auch auf alle weiteren zweijährigen Check-ups zu.

Zur zielgruppenspezifischen Ausrichtung des Seminars ist eine Bedarfsanalyse vorzunehmen, die Zielgruppe ist zu definieren und die Ziele sind, wie im Folgenden beschrieben, festzusetzen.

5.2 Bedarfsanalyse, Zielgruppe, Zielsetzung

Basis eines erfolgreichen Seminars ist eine genaue Auftragsklärung zwischen Auftraggeber und Auftragnehmer. Es sollte geklärt werden (vgl. Besser, 2004, S. 35 f.):

- Was ist der Anlass des Seminars? (z. B. Zunahme der Fehlzeiten bei PP im Schichtdienst seit dem letzten Jahr um 10 %)
- Welche verhaltensorientierten Maßnahmen und verhältnisorientierten Maßnahmen wurden und werden bereits durchgeführt?
- Welche relevanten Kenntnisse, Erfahrungen, Erwartungen und Motivation haben die Teilnehmer, damit an diese angeknüpft und auch Neues geboten werden kann?

- Wer ist am Seminar noch zu beteiligen, um einen Transfer sicherzustellen?
- Wurden bereits schichtdienstspezifische Maßnahmen für PP durchgeführt?
- Worauf ist beim Seminar besonders zu achten?
- Was soll mit dem Seminar konkret erreicht werden?
- Wozu benötigen die Teilnehmer das Seminar?
- Welche langfristigen Ziele sollen nach dem Seminar erreicht werden?
- Woran erkennen die Teilnehmer die Zielerreichung des Seminars (konkret)?
- Wie würden die Teilnehmer diese Frage beantworten?
- Welche Aufgaben haben der Auftraggeber, die Referenten und der Teilnehmer?
- Wie, wann, wo und wem sollen die Berichte und Ergebnisse präsentiert werden?
- Welche Konflikte, Befürchtungen und Widerstände sind möglich?
- Ist eine Kooperation mit einer Krankenkasse zur Bezuschussung von Maßnahmen am Seminar (gemäß §§20 und 20a des SGB V) geplant?
- Welche Ressourcen stehen zur Verfügung?
- Wie sind die Kommunikationswege in diesem Unternehmen gestaltet?

Die Zielgruppe des zweiten Seminars sind die PP im Schichtdienst, die für eine gesunde Lebensführung sensibilisiert werden sollen. Es handelt sich um eine Maßnahme innerhalb des betrieblichen Gesundheitsmanagements. Zentrales Ziel ist es, die Gesundheit und das Wohlbefinden zu erhalten bzw. zu verbessern sowie ein stabiles Gesundheitsverhalten der PP im Schichtdienst und in ihrem sozialen Umfeld zu fördern. Dies ist durch ein zielgruppenspezifisches und theoriebasiertes Seminar zu bewerkstelligen.

Exkurs Erwachsenenbildung: Bei Erwachsenen stellt die Lernmotivation eine wesentliche Lernvoraussetzung dar. Die Lernmotivation basiert auf der individuellen Lernbiografie. Erwachsene lernen interessenbezogen, beeinflusst von Rahmenbedingungen und inneren Motiven (vgl. Borkel et al. 2011, S. 5 f.). Sie sind lernmotiviert, wenn der Lerninhalt ihr Wissen und ihre Autonomie erweitert. Aus diesem Grunde sollten sich die Inhalte an ihnen ausrichten, den Lernwartungen entsprechen und in anderen Kontexten genutzt werden können (vgl. Siebert, Jäger, 2006, S. 82–89). Es sollten die Besonderheiten motivierter Lernprozesse nach Siebert (2006) beachtet werden. In dessen Anlehnung und bezogen auf das Seminar, kann das zentrale Ziel mithilfe einer gezielten, praxisnahen und angemessenen Vermittlung der Seminarinhalte (vgl. Kapitel 5.4) und mit neuem Wissen erreicht werden.

Wichtig sind hierbei Positivbotschaften, die an bisherige Erfahrungen und Kenntnisse der Schichtarbeiter anschließen und alle Lernsinne ansprechen. Das Programm sollte leicht im Alltag angewendet werden können, um ein körperliches Wohlbefinden entstehen zu lassen. Die bewusste Wahrnehmung des Körpers und Achtsamkeit sollte gefördert werden. Indem eigene Ressourcen bewusst werden, können persönliche Lösungsansätze erarbeitet werden (Handlungs- und Bewältigungsplanung zur Erhöhung der Selbstwirksamkeit). Eine gesundheitsfördernde Einstellung und individuelle gesundheitsfördernde Verhaltensweisen werden erarbeitet. Die Förderung von gesundheitlicher Eigenverantwortung und der Erfahrungsaustausch zwischen den Schichtarbeitern tragen zu einem individuellen und kollektiven Lernerfolg bei (vgl. Siebert, Jäger, 2006, S. 90 f.).

Die Methodik des Seminars greift das System des ganzheitlichen Lernens auf. Das handlungsorientierte Vorgehen vermittelt beispielsweise in Form eines Impulsvortrags Theorie. Ein emotionales Erleben wird durch Selbsterfahrung, Erfahrungsaustausch und Reflexion ermöglicht. Auch körperliche Übungen fehlen nicht, etwa eine Kombination von kognitiven, emotionalen und körperlichen Lernebenen (vgl. Kuhnert, 2001, S. 6; Borkel et al., 2011, S. 22). Indem das Seminar eine interaktive Entwicklung der Inhalte in der Gruppe ermöglicht, wird die Akzeptanz der TN für das Seminar erhöht. Die didaktischen Methoden enthalten Techniken des autonom gesteuerten Lernens, sind vielfältig gestaltet und beziehen den TN aktiv in Form von Einzel- und Partnerarbeit mit ein. Ein leicht verständliches und übersichtliches Seminarskript, das Basisinformationen enthält, Zusammenhänge darstellt, Empfehlungen gibt sowie mit Fallbeispielen angereichert ist, kann die TN effektiv bei der Wissenserweiterung unterstützen (vgl. Borkel et al., 2011, S. 23). Verstärkend wirkt ein Fotoprotokoll vom Seminar. Thema des nächsten Kapitels sind die Seminarplanung und die Seminarorganisation.

5.3 Planung und Organisation

Das Seminarkonzept „Gesund und fit im Schichtbetrieb" umfasst drei Seminarmodule. Der Gesundheitszustand der Seminarteilnehmer wird in einem Gesundheits-Check-up zunächst im Vorfeld des Seminars und nach Beendigung des Bewegungsmoduls standardisiert erhoben (vgl. Kapitel 5.1). Anschließend wird das in die Arbeitszeit integrierte Seminar im Rahmen der Veranstaltung zur Begrüßung neuer Mitarbeiter im Krankenhaus durchgeführt. Das Seminar ist an alle Pflegepersonen im Schichtdienst adressiert. Optimal ist eine Durchführung des Seminars vor der Arbeitsaufnahme neuer Mitarbeiter. Zur Generierung eines guten Erfahrungs- und Meinungsaustausches sowie einer schnelleren Eingliederung in das Team und in die Einrichtung, sollten jeweils erfahrene Mitarbeiter aus dem vorgesehenen Pflegeteam teilnehmen. Diese sollen später den neuen Mitarbeiter als Mentor begleiten (Tandem), sodass ein erhöhter Erfahrungsaustausch und eine gegenseitige Unterstützung ermöglicht werden. Die Einbindung weiterer Mitarbeiter, die noch nicht am Seminar teilnehmen konnten, in das Seminar wird in einem vierteljährlichen Rotationsrhythmus empfohlen. Da Führungskräfte die Organisations- und Arbeitsbedingungen beeinflussen, können sie zum Erhalt und zur Förderung der Gesundheit der Beschäftigten beitragen und nehmen daher eine Schlüsselrolle in der betrieblichen Gesundheitsförderung ein (vgl. Loffing, Geise, 2005, S. 59). Führungskräfte sollten vorab dieses Seminar absolviert haben, aber kontinuierlich an einzelnen Seminarmodulen teilnehmen, da sie so kommunizieren, dass die betriebliche Gesundheitsförderung

als wichtige Aufgabe des Managements angesehen wird (vgl. Spicker, Schopf, 2007, S. 40).
Das Seminar findet an drei aufeinanderfolgenden Tagen statt (jeweils 470 Minuten) und besteht aus den drei Modulen „Gesunder Schlaf“, „Gesunde Ernährung“ und „Bewegung, Stressbewältigung und Freizeit“. Der Praxisteil des Teilmoduls „Bewegung“ umfasst einen Zeitrahmen von insgesamt drei Monaten.[2] Das Seminar zielt auf eine Erhöhung der Risikowahrnehmung, der Motivation und der Förderung von Eigenverantwortung für ein gesundheitsförderliches Verhalten. Auf diese Weise soll die Gesundheitskompetenz der PP gestärkt werden. Tabelle 5.1 gibt einen Überblick über den Seminaraufbau.

2 Anmerkung der Autorin: Aufgrund des unregelmäßigen Tagesrhythmus der PP gestaltet sich die Seminarorganisation schwierig, sodass ein Dreitagesseminar als sinnvoll erachtet wird. Die Trainings erfolgen nach Abschluss des Seminars „Bewegung, Stressbewältigung und Freizeit“.

Tabelle 5.1: Aufbau des Seminars „Gesund und fit im Schichtbetrieb"

Seminarmodul	Inhalt
„Gesunder Schlaf" (470 Minuten)	■ Gesundheit und das Modell der Salutogenese ■ Folgen von Schichtarbeit auf die Pflegekräfte ■ gesunder Schlaf und Besonderheiten bei Schichtdienst ■ Maßnahmen zur Verbesserung des Schlafes (z. B. autogenes Training) ■ persönliches Gesundheitsprojekt „Gesunder Schlaf"
„Gesunde Ernährung" (470 Minuten)	■ gesunde Ernährung (z. B. Ernährungsmythen) und Besonderheiten bei Schichtdienst ■ Reflexion des individuellen Ernährungsverhaltens und Genussregeln ■ Erlernen einer Entspannungstechnik (Progressive Muskelrelaxation) ■ Erarbeitung/Zubereitung von Getränken für den Schichtdienst ■ mögliche Barrieren zur Zielerreichung und Lösungsmöglichkeiten ■ persönliches Gesundheitsprojekt „Gesunde Ernährung"
„Bewegung, Stressbewältigung und Freizeit" (470 Minuten)	■ Identifizierung eigener Stressoren ■ Stress, seine Folgen, Zusammenhang zwischen Kognitionen und Stress, Bewältigung von Stresssituationen (z. B. Problemlösetraining) ■ Maßnahmen zur Verbesserung der Freizeitgestaltung ■ Erlernen einer Entspannungstechnik: Body Scan und Stresspilot ■ Wissen um die Folgen von Bewegungsmangel ■ Auffrischung (Erlernen) von Kinästhetik, Transfer und Hebetechniken im Zusammenhang mit rückenbelastenden Situationen, Kennenlernen eines ganzheitlichen Trainings ■ persönliches Gesundheitsprojekt „Gesund und fit im Schichtbetrieb"

Um einen erfolgreichen Transfer der Seminarinhalte in den Alltag zu ermöglichen, werden Gesundheitsberatungen nach definierten Zeitintervallen durchgeführt. Hier sollen Zielvereinbarungen und bestärkende Gespräche die Selbstwirksamkeit der PP erhöhen und sie zu einem verbesserten Gesundheitsverhalten motivieren (vgl. Kapitel 5.1). Das Seminar sollte aus zwölf Teilnehmern bestehen. Weitere Modulempfehlungen sind in Kapitel 5.7 dargestellt. Die Wahl des Lernorts ist in der Erwachsenenbildung zentral und sollte Qualitätsstandards erfüllen. Er sollte z. B. körperliches Wohlbefinden bewirken, über ein geeignetes Inventar verfügen, die Lernaktivitäten anregen sowie zur Zielgruppe, Inhalt, Lernziel und Methodik passen (vgl. Borkel et al. 2011, S. 18). Es ist zu entscheiden, ob betriebsinterne oder externe professionelle Konferenzräume zu nutzen sind. Vorteile professioneller Räume liegen v. a. in der besseren Raumqualität, in der Ausstattung und im größeren Abstand zum Arbeitsplatz, da arbeitsbedingte Störungen vermieden werden können.

Betriebliche Räume sind gut von den Teilnehmern zu erreichen. Die Bereitschaft zur Anmeldung ist höher, da die Teilnahme zeitlich besser zu koordinieren ist. Zudem ist das Seminar als Arbeitsbestandteil gegenüber den Kollegen besser zu argumentieren. Die Teilnehmer sind zufriedener und tragen so zur Gesundheitskultur im Unternehmen bei (vgl. Borkel et al., 2011, S. 19). Wichtig sind ausreichend Platz für Gruppenarbeiten, die entsprechende Anordnung der Tische u. Ä. sowie die Bereitstellung geeigneter Arbeitsmittel (z. B. Flipcharts, Moderatorenkoffer, Beamer, Laptop). Für die Praxisteile sind eine an den Seminarraum angrenzende Lehrküche sowie z. B. Räume des hauseigenen Fitnessraumes zu nutzen. Für Ausgabematerial (Namensschilder, Tagungsordner, Stifte, Papier usw.) sollte gesorgt sein. Die interessant gestaltete und zielgruppenspezifische Seminareinladung kann mit der Einladung zur Begrüßungsveranstaltung neuer Mitarbeiter im Krankenhaus verteilt werden. Im Vorfeld sollten die TN über Zielgruppe, Teilnahmevoraussetzungen, Inhalt, Ziel, Dauer und Zeiten sowie den Ort informiert werden. Die Einladung sollte Angaben zur Qualifikation des Lehrpersonals, Angaben zu Methodik und Didaktik sowie zu den Schulungsmaterialien des Seminars enthalten (vgl. QBB, 2011). Ferner empfehlen sich Infos im Hinblick auf die Verpflegung und die Angabe von Kontaktdaten (Name, Telefon) für etwaige Rückfragen.

5.4 Inhalte des Seminars „Gesund und fit im Schichtbetrieb"

In diesem Kapitel stehen die Inhalte des aus drei Modulen bestehenden Seminars „Gesund und fit im Schichtbetrieb" im Blickpunkt. Es werden die zielgruppenspezifischen Seminarmodule „Gesunder Schlaf“, „Gesunde Ernährung“, „Bewegung, Stressbewältigung und Freizeit“ erörtert. Die Teilnehmer sollen über mögliche gesundheitliche Folgen der Schichtarbeit informiert werden, mit dem Ziel, sich über die eigene Lebenssituation bewusst zu werden und sich für eine gesunde Lebensführung zu sensibilisieren. Konkrete Empfehlungen sollen zur besseren Bewältigung der Beanspruchungen von Schichtarbeit beitragen.[3] In allen Modulen wird eine positive Wertschätzung vermittelt sowie ein Gruppengefühl mit einer offenen Gruppenatmosphäre als wichtige Basis zur Motivierung der Teilnehmer geschaffen. Zur Verstärkung der Inhalte erfolgen in jedem Seminarmodul themenspezifische Hinweise auf betriebsinterne Angebote zur Gesundheitsförderung. Dazu zählen z. B. betriebliche Vorsorgeuntersuchungen, Möglichkeiten der Sozialberatung und zur Fort- und Weiterbildung oder Informationen zu regelmäßigen Familien- und Firmenevents. Nach Abschluss des jeweiligen Moduls ist es vorgesehen, dass die Teilnehmer per E-Mail die Fotoprotokolle der Ergebnisse erhalten.

5.4.1 Modul „Gesunder Schlaf“

Ziele und Inhalt: Die TN des Kurses lernen sich untereinander kennen und erhalten nach einer Einführung einen Überblick über den Seminarablauf und die angestrebten Ergebnisse. Sie benennen ihre Erwartungen und werden für das Thema Gesundheit sensibilisiert. Es folgen Informationen über die Auswirkungen von Schichtdienst auf den zirkadianen Rhythmus, der damit zusammenhängenden Leistungskurve, den Belastungen durch die Arbeit und der Auswirkungen auf den Schlaf. Mittels Übungen werden die Risikowahrnehmung, der Transfer und die Nachhaltigkeit gefördert.
Motivationales und volitionales Ziel: Die TN sollen motiviert werden, das eigene Gesundheits- und Schlafverhalten zu überdenken.
Begrüßung und Vorstellung: Nach der Begrüßung und Vorstellung des Referenten werden der Ablauf, die Inhalte und Ziele vorgestellt.

3 Eine Checkliste mit Empfehlungen für den Schichtdienst finden Sie im Downloadbereich der APOLLON University Press unter http://apollon-hochschulverlag.de/downloads/bgm/ (oder über den QR-Code) (Download I).

Kennenlernen der TN, Sensibilisierung für Gesundheit, Zusammenarbeit: Um jeden TN zu aktivieren, stellen sich in einer Gruppenarbeit die TN (vier TN pro Gruppe) gegenseitig vor: Angaben zur Person, derzeitige Situation, Vorerfahrungen mit Schichtdienst. Es sind die Fragen

- „Was bedeutet Gesundheit?" (Antworten auf roten Karten) und
- „Ich erwarte von dem Seminar ..." (Antworten auf gelben Karten) zu beantworten.

Anschließend erfolgt im Plenum die gegenseitige Vorstellung (vgl. Kaluza, 2011, S. 73). Ein Gruppenvertreter präsentiert jeweils die Ergebnisse. Die Karten werden auf dem vorbereiteten Flipchart auf eine Metaplanwand angeheftet, sodass darauf während des Seminars immer wieder Bezug genommen werden kann. Anhand der Antworten bekommt der Referent einen ersten Eindruck über den Kenntnisstand und die Erfahrungen der TN, an die die Inhalte anknüpfen sollten. Es wird auf die Antworten Bezug genommen und die Definition der Gesundheit der WHO erläutert. Das Modell der Salutogenese macht deutlich, dass Gesundheit ein Prozess ist (vgl. Höppner, 2004, S. 36). Mittels Zuruffrage werden Gruppenregeln als Basis jeder Zusammenarbeit vereinbart. Hierunter fällt insbesondere die Schweigepflicht der TN im Hinblick auf alle persönlichen Informationen (vgl. Reschke, Schröder, 2010, S. 114).
Reflexion des Schlafverhaltens: Die Neugierde der TN auf das Seminar lässt sich wecken, indem die TN ihr individuelles Schlafverhalten mit der Epworth Sleepinees Scale (ESS) reflektieren (vgl. Tab. 5.2). Der weltweit anerkannte Kurzfragebogen dient der Erfassung der Tagesmüdigkeit. Er erfragt rückblickend die Möglichkeit des Einschlummerns in acht Alltagssituationen (vgl. Deutsche Gesellschaft für Schlafforschung und Schlafmedizin, 2007). Die Selbsteinschätzung erfolgt auf einer vierstufigen Gradeinteilung (0 = würde niemals einnicken, 3 = hohe Wahrscheinlichkeit einzunicken). Indem der Summenscore aus acht Items (0–24 Punkte) gebildet wird, kann eine Auswertung erfolgen. Werte bis sieben Punkte liegen im Normbereich, mehr als zehn Punkte bedeuten eine erhöhte Tagesschläfrigkeit (vgl. Johns, 1991, S. 543). Es folgt eine Punktabfrage, die der Gewichtung dient. In Tabelle 5.2 ist beispielhaft eine Gewichtung vorgenommen worden.

Tabelle 5.2: Einschätzung der Wahrscheinlichkeit einzuschlafen (vgl. Deutsche Gesellschaft für Schlafforschung und Schlafmedizin, 2007)

Fragebogen zur Tagesschläfrigkeit (Epworth Sleepiness Scale)
Für wie wahrscheinlich halten Sie es, dass Sie in einer der folgenden Situationen einnicken oder einschlafen würden, – sich also nicht nur müde fühlen?
Auch wenn Sie in der letzten Zeit einige der folgenden Situationen nicht erlebt haben, versuchen Sie trotzdem sich vorzustellen, wie sich diese Situationen auf Sie ausgewirkt hätten.
0 = würde *niemals* einschlafen
1 = *geringe* Wahrscheinlichkeit einzunicken
2 = *mittlere* Wahrscheinlichkeit einzunicken
3 = *hohe* Wahrscheinlichkeit einzunicken

Situation	Wahrscheinlichkeit einzunicken			
Im Sitzen lesend	0	1	2	3
Beim Fernsehen	0	1	2	3
Wenn Sie passiv (als Zuhörer) in der Öffentlichkeit sitzen (z. B. im Theater oder bei einem Vortrag)	0	1	2	3
Als Beifahrer im Auto während einer einstündigen Fahrt ohne Pause	0	1	2	3
Wenn Sie sich am Nachmittag hingelegt haben, um auszuruhen	0	1	2	3
Wenn Sie sitzen und sich mit jemandem unterhalten	0	1	2	3
Wenn Sie nach dem Mittagessen (ohne Alkohol) ruhig dasitzen	0	1	2	3
Wenn Sie als Fahrer eines Autos verkehrsbedingt einige Minuten anhalten müssen	0	1	2	3
Gesamtpunktzahl (Summe)				
› 10 Punkte = eindeutige Tagesschläfrigkeit				

Abbildung 2: Ein durch Schichtarbeit gestörter Schlaf-Wach-Rhythmus kann zu vermehrter Tagesschläfrigkeit (Hypersomnie) führen. Die Folgen sind Einschränkungen am Arbeitsplatz, bei der Fahrtüchtigkeit oder in anderen sozialen Situationen.

Jeder TN erhält drei Klebepunkte, die er nach persönlichem Empfinden auf die Skala („++“ sehr hohes Risiko; „--“ kein Risiko“), der am Flipchart visualisierten Frage klebt: „Für wie wahrscheinlich halten Sie es, dass Sie in einer der folgenden Situationen einnicken oder einschlafen würden, sich also nicht nur müde fühlen?“. Drei Situationen sind zu priorisieren. Die Ergebnisauswertung und Diskussion ermöglicht den TN eine Rückmeldung zum Schlafdefizit. Außerdem können die Risikowahrnehmung für individuelle Schlafprobleme sowie die Motivation für ein gesundheitsförderliches Verhalten erhöht werden. Der Referent kann gezielter auf Seminarinhalte eingehen.

Input: Zirkadianer Rhythmus, Leistungskurve, Schlaf: Ein Vortrag thematisiert aktuelle wissenschaftliche Informationen über den zirkadianen Rhythmus, der Leistungskurve im Tagesverlauf, den Schlaf, den Belastungen und Beanspruchungen. Er basiert auf dem HAPA-Modell (vgl. Schwarzer, 2011). Es werden potenzielle gesundheitliche Belastungen durch die Schichtarbeit dargestellt, die auf der biologischen Desynchronisation beruhen (v. a. Schlafstörungen). Zentral ist jedoch die Kommunikation über individuelle Ressourcen. Insgesamt wird auf die Erhöhung der Risikowahrnehmung der TN gezielt. Die Handlungsergebniserwartungen der TN im Hinblick auf das gewünschte Gesundheitsverhalten sollen so abgewägt werden, dass sie zu einer positiven Änderung des Verhaltens führen. Die TN sollen detaillierte Pläne für das Zielverhalten entwickeln (vgl. Schwarzer, 2011). Mithilfe von Zuruffragen wie „Leiden Sie unter Schlafstörungen?" werden die TN einbezogen.

Verbesserung des Schlafverhaltens: Um den Erfahrungsaustausch der Gruppe zu fördern, folgt eine Gruppenarbeit (je vier Personen) mit anschließender Präsentation der Antworten. Die drei Fragen lauten:

- „Welche Maßnahmen führen zu einem erholsamen und ausreichenden Schlaf?"
- „Welche konkreten Gründe können einen gesunden Schlaf stören?"
- „Welche Maßnahmen fördern die Gesundheit?"

Es folgt ein Austausch über die Belastungen. Die TN können voneinander lernen. Fragen, Erfahrungen und Stärken im Hinblick auf die Erarbeitung von Lösungsstrategien können eingebracht werden. Hiermit wird die Selbstkompetenz für ein Gesundheitsverhalten gefördert. Zur körperlichen und geistigen Lockerung erfolgt zwischendurch eine Aktivierungsübung zur allgemeinen Entspannung (vgl. Kaluza, 2011, S. 158).[4] Der Referent ergänzt die Handlungsempfehlungen: Durchführen von Kurzschlaf, feste Schlafzeiten, Zweiratenschlaf von ca. vier Stunden pro Tag, Abstellen potenzieller Störquellen (z. B.

4 Im Downloadbereich der APOLLON University Press unter http://apollon-hochschulverlag.de/downloads/bgm/ (oder über den QR-Code) stehen Ihnen Materialien zu den Aktivierungsübungen zur Verfügung (Download II).

Klingel), Verzicht auf Schlafmittel (vgl. Hellert, 2011, S. 46; Schweflinghaus, 2006, S. 21–24).

Autogenes Training: Das autogene Training ist weit verbreitet und wurde vom Psychiater J. H. Schultz 1926 entwickelt (vgl. Krampen, 2013, S. 61). Es kann zur Reduzierung von Angst und v. a. bei Schlafstörungen angewendet werden. Es wird den PP vorgestellt und anschließend durchgeführt (vgl. Krampen, 2013, S. 136). Die physischen und psychischen Entspannungs- und Erholungsfähigkeiten können verbessert werden: Belastungssituationen werden entspannter erlebt. Das Wohlbefinden und die Gelassenheit steigen (vgl. Krampen, 2013, S. 54). Es folgend weitere Übungen zur Lockerung, die gesundheitlichen Belastungen entgegenwirken können (vgl. Kaluza, 2011, S. 158).[5]

Erkenntnisübertragung: Jeder TN sucht sich einen Kollegen aus seinem Team (optimal aus seinem späteren Tätigkeitsbereich) als Partner im Seminar, dem er seine drei persönlichen Ziele für sein zu erstellendes Gesundheitsprojekt „Gesunder Schlaf" vorstellt und der ihn evtl. bei der Zielerreichung nach dem Seminar im Alltag unterstützt. Die attraktiven Ziele sollten autonom und zügig erreicht werden, konkrete Zielindikatoren und klare Abgrenzungen enthalten (wo, wann, mit wem, wie oft), keine Gegenüberstellungen aufweisen und positiv formuliert sein (vgl. Besser, 2004, S. 119; Kaluza, 2011, S. 174 f.). Die schriftliche Fixierung der Ziele unterstützt die Reflexion der Seminarinhalte. Es wird verdeutlicht, welche Umsetzungsschritte notwendig sind. Zudem wird die zukünftige positive Veränderung durch das gesundheitsfördernde Verhalten bewusst.

Feedback: Es erfolgt ein Fazit des Referenten. Anschließend können die TN in einem sogenannten „Blitzlicht" Gedanken, Empfindungen zum Seminar (Inhalt, Ablauf, Methoden, Berater) äußern. Der Kursleiter erhält auf diese Weise ein Feedback und kann ggf. Probleme klären (vgl. Reschke, Schröder, 2010, S. 114). Das Seminarmodul „Gesunder Schlaf" wird in Tabelle 5.4 schematisch dargestellt.

---

5 Im Downloadbereich der APOLLON University Press unter http://apollon-hochschulverlag.de/downloads/bgm/ (oder über den QR-Code) stehen Ihnen Materialien zum Autogenen Training zur Verfügung (Download III).

5.4.2 Modul „Gesunde Ernährung“

Tabelle 5.5 stellt das Seminarmodul schematisch dar.

Ziel und Inhalt: Den TN wird ernährungsphysiologisches Wissen – unter Berücksichtigung des Biorhythmus von Schichtarbeit – vermittelt. Sie reflektieren ihr Wissen und ihr Ernährungsverhalten. Persönliche Ziele und gesundheitsfördernde Ernährungsstrategien werden erarbeitet. Verschiedene Übungen tragen zur Nachhaltigkeit bei. Motivationale und volitionale Ziele: Die TN werden für eine gesunde Ernährung sensibilisiert. Das eigenverantwortliche Handeln in Bezug auf die Zusammenhänge zwischen Ernährung und Wohlbefinden wird gesteigert.

Begrüßung und Wiederholung des letzten Seminarmoduls: Nach der Begrüßung und Vorstellung des Referenten (PP mit Fokus auf ernährungsphysiologischem Wissen) werden der Seminarablauf, die Seminarinhalte und -ziele vorgestellt sowie das Seminarmodul „Gesunder Schlaf“ reflektiert.

Vorstellung der TN, Zusammenarbeit: In einem Blitzlicht stellen sich die TN (Angaben zur Person, Erfahrungen im Schichtdienst) vor. Sie erläutern, was für sie im Seminarmodul „Gesunder Schlaf“ wesentlich war. Die Reflexion über die abgeschlossenen Seminarinhalte sowie die Nennung der Leibspeise knüpfen an das Seminar „Gesunde Ernährung“ an.

Sensibilisierung für Ernährung: Eine gesunde Ernährung ist ein wichtiger Aspekt für die Erhaltung und Förderung von Wohlbefinden und Gesundheit. Um jeden TN inhaltlich einzustimmen, folgt eine Gruppenarbeit (je vier TN) mit anschließender Präsentation. Folgende Fragen stehen auf dem Programm:

- „Was bedeutet für mich gesunde Ernährung?“
- „Welche Gründe verhindern, dass ich mich gesund ernähre?“
- „In welchem Umfang kann meine Ernährung mein Stressniveau beeinflussen?“

Die letzte Frage erstellt nicht nur einen Bezug zum Seminarinhalt, sondern knüpft gedanklich bereits an das nächste Modul an, das sich u. a. mit Stress beschäftigt. Jede Gruppe bearbeitet ein in Mindmap-Form vorbereitetes Flipchart. Die TN notieren ihre Antworten in Stichworten. Nach ca. 10 Minuten erfolgt ein Tausch der Flipcharts, bis jede Gruppe die Fragen beantwortet hat. Den TN wird ein erster thematischer Erfahrungsaustausch ermöglicht. Der Referent kann gezielter an die persönliche Einstellung in punkto Ernährung und an das Vorwissen im Zusammenhang mit den Seminarinhalten anknüpfen (vgl. Klein, 2010, S. 67). In Belastungssituationen wird oft nicht ausreichend auf die Ernährung geachtet (z. B. fett- und kohlenhydratreiche Ernährung). Ein Quiz mit anschließender Diskussion soll daher die TN spielerisch für den Zuckergehalt in diversen Lebensmitteln sensibilisieren, sodass die Risikowahrnehmung erhöht wird und sie gezielter auf gesundheitsförderliche Inhaltsstoffe von Lebensmitteln achten.

Input: Die Bedeutung gesunder Ernährung: Ein Vortrag vertieft das ernährungsphysiologische Wissen der Beschäftigten auf Grundlage aktueller wissenschaftlicher Erkenntnisse. Im Vordergrund stehen zweckmäßige handlungsorientierte Kenntnisse für den Alltag. Zur ernährungsphysiologischen Wissensvermittlung ist die aid-Ernährungspyramide geeignet, die auf wissenschaftlichen Empfehlungen der Deutschen Gesellschaft für Ernährung (DGE) beruht. Sie weist bildliche Symbole und selbsterklärende Ampelfarben auf. Die Pyramidenebenen können in Portionsbausteine untergliedert werden. Daran können die PP erkennen, welche Lebensmittel sie in welcher Menge verzehren können, auch ungünstige Lebensmittel, wie z. B. Süßigkeiten (vgl. Deutsche Gesellschaft für Ernährung, 2005). Zusätzlich werden zur Veranschaulichung Lebensmittel und Bilder eingesetzt.

Ernährungsirrtümer werden auf ihre Richtigkeit geprüft und Ernährungstrends sowie Esstypen werden besprochen. Auch das Thema Bewegung wird thematisiert. Bewegung ist wichtig für eine gesunde Ernährung. Eine Verknüpfung zum Folgemodul wird hergestellt. Die PP werden fortwährend zu einer aktiven Beteiligung angeregt. Dies geschieht mithilfe von Fragen sowie der bildlichen Darstellung von Mahlzeiten. Eine Bewertung von Mahlzeiten (z. B. Leibspeise) durch die TN ermöglicht die Erarbeitung von Ernährungsempfehlungen. Die interaktive Wissensvermittlung (und Auffrischung) bewirkt eine Reflexion des persönlichen Ernährungsverhaltens und ruft ggf. Bestürzung hervor. Ein Impuls für eine Verhaltensänderung ist gegeben.

Genuss: Für die Förderung der Achtsamkeit im Alltag wird folgende Zuruffrage gestellt: „Was ist wichtig für Sie, damit Sie genießen können und was benötigen Sie dazu?". Die Antworten werden auf einem Flipchart festgehalten und diskutiert. Die TN erhalten zum Abschluss die Genussregeln (vgl. Kaluza, 2011, S. 146).[6] Ziel ist eine Steigerung der Genussfähigkeit und eine gesteigerte Motivation für gesundes, schmackhaftes Essen im Alltag.

Entspannungstechnik progressive Muskelentspannung nach Jacobsen (PMR): PMR ist eine kognitiv-emotionale Entspannungstechnik, die systematisch eingesetzt, zur Reduzierung von Angst, Stress und Schlafstörungen angewendet werden kann (vgl. Isa et al., 2013, S. 2240 f.; Dayapo lu, Tan, 2012, S. 986). Verschiedene Muskelgruppen werden in einer bestimmten Reihenfolge stark angespannt (5–7 Sekunden), dann mit der Ausatmung gelockert und entspannt. Dabei erfolgt eine Konzentration auf die Empfindungen der betreffenden Muskelgruppe und die Entspannung ist jeweils mit der Ausatmung zu vertiefen (ca. 30–45 Sekunden). Wichtig ist es, bei der Anspannung die Atmung nicht anzuhalten, um eine Anspannung des gesamten Körpers zu verhindern. (vgl. Hofmann, 2012, S. 11; Kaluza, 2011, S. 82). Die Technik ist für die PP leicht und schnell erlernbar.[7]

Aufbau von Arbeitsenergie: Hierfür kommt ein körperaktives Spiel zum Einsatz. Der TN, dessen Vorname die meisten Buchstaben des Wortes „Transfer" enthält, steht rechts, der nächste links etc. (Besser, 2004, S. 93). Es folgt eine Sortierung auf Grundlage des Nachnamen und letztlich nach der Buchstabenanzahl im kompletten Namen. Auf diese Weise wird eine unabsichtliche und absichtliche Beschäftigung mit dem Transfer zu den Seminarinhalten forciert (vgl. Besser, 2004, S. 93 f.).

Ernährungsempfehlungen bei Schichtdienst: In einem Vortrag werden den PP spezielle Ernährungsempfehlungen vermittelt. Nachts ist der Körper auf Ruhe eingestellt, die Produktion aller Verdauungssekrete erfolgt jedoch am Tag, sodass im Nachtdienst leichte Kost verzehrt werden sollte. Die Mahlzei-

---

6 Im Downloadbereich der APOLLON University Press unter http://apollon-hochschulverlag.de/downloads/bgm/ (oder über den QR-Code) stehen Ihnen Materialien zu den Genussregeln zur Verfügung (Download IV).

7 Im Downloadbereich stehen Ihnen Materialien zur Progressiven Muskelentspannung zur Verfügung (Download V).

tenverteilung weicht, bei annähernd gleichem Energiebedarf, von dem des Tagarbeiters ab. Empfohlen werden vor der Schicht ein leichtes Abendbrot (19–20 Uhr) und zwei Mahlzeiten während des Nachtdienstes (eine warme Mahlzeit um ca. 0 Uhr, Zwischenmahlzeit ca. zwei Stunden vor Schichtende), gefolgt von evtl. einem kleinen leichten Frühstück (vgl. Schweflinghaus, 2006, S. 26). Die DGE empfiehlt z. B. mageres Fleisch oder mageren Fisch in fettarmer Zubereitung, Reis, Gemüse und Salate (vgl. Deutsche Gesellschaft für Ernährung, 2000). Zwischenmahlzeiten wirken einem zu hohen Absinken des Blutzuckerspiegels entgegen, sodass die Leistungsfähigkeit und Konzentration aufrechterhalten bleibt. Als Zwischenmahlzeit bietet sich beispielsweise Obst an (vgl. Deutsche Gesellschaft für Ernährung, 2000).

Das Mittag- und Abendessen sollte vor oder nach jeder Schicht zur gleichen Uhrzeit verzehrt werden, wenn möglich mit der Familie. Vor dem Schlafen ist aufgrund der anregenden Wirkung kein Kaffee/schwarzer Tee mehr zu konsumieren, da der Schlaf gestört werden könnte. Auch sollte nach dem Dienst nicht direkt zu Bett gegangen werden. Es wird neben festen Essenzeiten empfohlen, eine möglichst hohe Kontinuität im Privatleben zu erlangen. Appetitlosigkeit und Magen-Darm-Störungen können so verhindert werden (vgl. Deutsche Gesellschaft für Ernährung, 2000). Tabelle 5.3 zeigt die Mahlzeitenverteilung für Nachtschichtarbeiter.

Tabelle 5.3: Mahlzeitenverteilung für Nachtschichtarbeiter (Deutsche Gesellschaft für Ernährung, 2000)

Mahlzeit	Uhrzeit	% der empfehlenswerten Höhe
Mittagessen	12.00–13.00	25
Vesper	16.00–17.00	10
Abendessen	19.00–20.00	20
erste Nachtmahlzeit	0.00–1.00	25
zweite Nachtmahlzeit	4.00–5.00	8
Frühstück nach der Heimkehr von der Schicht	7.00	12

Mahlzeitenverteilung: Jetzt liegt der Fokus auf der individuellen Mahlzeitenverteilung. Ein nachträglich auszufüllender Plan für Mahlzeiten[8] soll den PP vermitteln, ob sie chronologisch und gesund essen. Auf diese Weise reflektieren die TN jeweils ihre Situation und stellen eine Verbindung mit dem Erlernten her. Die Risikowahrnehmung wird geschärft. Die TN werden sich zudem darüber bewusst, wie sie ein gesundheitsförderliches Verhalten planen und umsetzen können.

Zusammenstellung gesunder Menüs: Es folgt eine Praxisphase, bei der gemäß den Ernährungsempfehlungen der DGE für Schichtarbeiter, schnelle, einfache und gesunde Snacks, sowie Powergetränke (Brainfood) zur Verkostung zubereitet werden. Es werden gesunde Menüs (z. B. Leibgerichte) zusammengestellt. Zudem wird ausgeführt, wie Fertiggerichte schnell und gesund verfeinert werden können. Es wird Bezug auf die aid-Ernährungspyramide genommen und auf gesundheitsförderliche Bestandteile in Lebensmitteln sowie auf gesunde Kantinenkost aufmerksam gemacht. Zum Schluss werden die Zusammenhänge zwischen Ernährung, Bewegung und Wohlbefinden veranschaulicht und diskutiert. Die TN bekommen Merkblätter mit zielgruppenspezifischen gesunden Rezepten ausgehändigt.

Barrieren und Lösungsmöglichkeiten: In einer Gruppenarbeit (je vier TN) erhalten die TN die Chance bei der Beantwortung folgender Fragen auszutauschen und hierbei ihre Erfahrungen mitzuteilen: „Welche möglichen äußeren und inneren Barrieren können die Zielerreichung behindern?" und „Welche Bewältigungsstrategien können angewendet werden?". Hierfür kommt auch wieder das Flipchart zum Einsatz. Nach der Ergebnispräsentation werden die Lösungsstrategien durch den Referenten ergänzt. Den TN wird bewusst, welche potenziellen Barrieren zur Zielerreichung vorhanden sind und wie diese erfolgreich überwunden werden können.

Erkenntnisübertragung: Die TN reflektieren und fixieren wesentliche erlangte Erkenntnisse. Jeder TN formuliert für sein Gesundheitsprojekt „Gesunde Ernährung" drei Ziele anhand der Zielkriterien aus dem letzten Seminarmodul, erstellt konkrete Umsetzungsmaßnahmen, erkennt potenzielle Barrie-

8 Eine Vorlage für einen Mahlzeitenplan finden Sie im Downloadbereich (Download VI).

ren und entwickelt entsprechende Lösungsstrategien.[9] Die Genussregeln und der individuelle Essensplan unterstützen die Planung. Die Ziele werden dem jeweiligen Partner aus dem ersten Modul vorgestellt und ggf. nach den Zielkriterien modifiziert. Die Inhalte der Seminarmodule werden dadurch verknüpft, die Selbstwirksamkeitserwartung, die Motivation und das eigenverantwortliche Ernährungsverhalten und werden gestärkt.
Feedback: Nach einem Fazit durch den Referenten erhalten die TN in einem Blitzlicht die Chance, sich zum Inhalt, dem Ablauf, der Didaktik und dem Referenten des Seminars zu äußern.

5.4.3 Modul „Bewegung, Stressbewältigung und Freizeit"

Eine schematische Darstellung des Seminarmoduls mit seinem zeitlichen Ablauf und den inhaltlichen Elementen findet sich in Tabelle 5.6.
Ziel und Inhalt: Die Tätigkeit der PP im Schichtdienst ist mit hohem psychosozialen Stress assoziiert (vgl. Kapitel 2.2). Daher vertiefen die TN ihr Wissen zum Stress und lernen Strategien zur Stressbewältigung kennen. Da eine gesunde Gestaltung des Privat- und Soziallebens und eine regelmäßige Bewegung wichtige Grundlagen für das Wohlbefinden und die Lebensqualität darstellen, reflektieren sie ihre Freizeitgestaltung und körperliche Leistungsfähigkeit. Es werden gesundheitsfördernde Strategien erarbeitet, und Übungen tragen zur Nachhaltigkeit bei. Die Seminarreihe wird zusammengefasst und das persönliche Gesundheitsprojekt abgeschlossen.
Motivationale und volitionale Ziele: Die TN werden motiviert, ihr Gesundheitsverhalten zu verbessern. Die Selbstwirksamkeitserwartung sowie die Eigenverantwortung sollen gesteigert werden.
Begrüßung und Wiederholung des letzten Seminarmoduls: Nach der Begrüßung erfolgt die Vorstellung des Seminarablaufs, der Seminarinhalte und -ziele. Zudem wird das Seminarmodul „Gesunde Ernährung" reflektiert.

---

9 Im Downloadbereich der APOLLON University Press unter http://apollon-hochschulverlag.de/downloads/bgm/ (oder über den QR-Code) steht Ihnen eine Vorlage für ein Arbeitsblatt „Gesundheitsprojekt Gesunder Schlaf" zur Verfügung (Download VII). Dieses Arbeitsblatt kann auch für die restlichen Seminarmodule als Vorlage genutzt werden.

Vorstellung der TN, Zusammenarbeit: In einem Blitzlicht teilen die TN mit, was ihre Kernpunkte des letzten Moduls „Gesunde Ernährung“ waren und welche Erwartungen sie an das momentane Modul knüpfen. Die Reflexion der Inhalte des letzten Seminars ermöglicht die Verknüpfung zum aktuellen Seminar.

Sensibilisierung für Stress: Zur Sensibilisierung für die Thematik wird mit einer Kartenabfrage an die Erfahrungen der TN angeknüpft. Dies geschieht auf folgende Weise: Die TN notieren Satzergänzungen zu nachfolgenden Aussagen auf Karten und heften die Karten dann an die Metaplanwand. Die zu ergänzenden Aussagen lauten (Kaluza 2011, S. 12):

- „Ich gerate in Stress, wenn...“
- „Wenn ich im Stress bin, dann...“
- „Ich setze mich selbst unter Stress, indem...“

Eine Kartenabfrage ermöglicht die Sammlung von Ideen, Meinungen und Assoziationen (vgl. Mentzel, 2008, S. 43 f.). Die Zuordnung der Informationen erfolgt mit der Stressampel, welche in Abbildung 5.1. dargestellt wird (Kaluza, 2011, S. 12). Diese ist auf der Metaplanwand veranschaulicht. Die Zuordnung erfolgt zu drei zentralen Aspekten des Stressablaufs (Stressoren, individuelle Stressverstärker, Stressreaktionen), auf die an späterer Stelle eingegangen wird (vgl. Kaluza, 2011, S. 74).

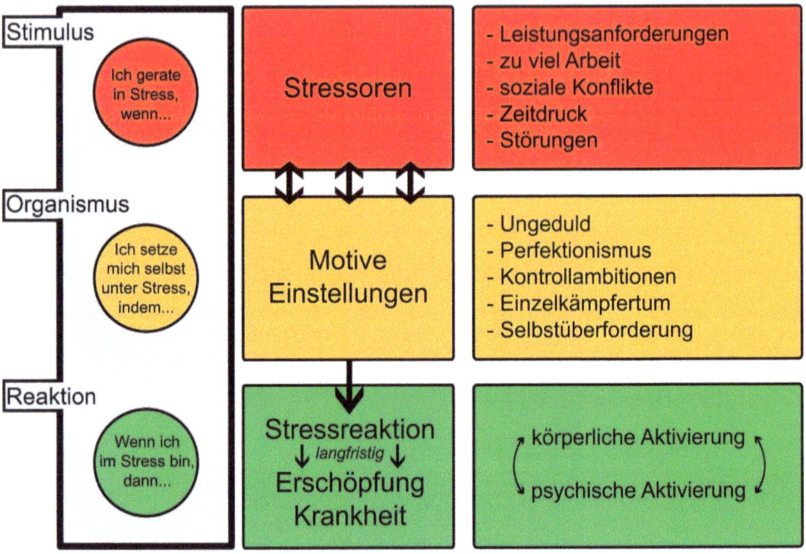

Abbildung 5.1: Stressampel (vgl. Kaluza 2011, S. 12)

Individuelle Stressorenliste: Im folgenden Arbeitsschritt sollen die TN persönliche alltägliche Stressoren erkennen und ermitteln können, da diese meist stärker die Gesundheit belasten als einprägsame Lebensereignisse (vgl. Kaluza, 2011. S. 32. Eine anschließende Bewertung der Stressoren klärt, ob diese beeinflusst werden können. Eventuell können die Ursachen beseitigt oder reduziert werden[10].

Input Stress: Anknüpfend an die Vorerfahrungen der TN werden die Informationen in einem Vortrag anhand der Stressampel fokussiert auf: die Unterscheidung zwischen Stressor und Stressreaktion. Kaluza unterscheidet drei Ebenen der Stressreaktion: die körperliche Ebene, die behaviorale Ebene und die kognitiv-emotionale Ebene. Wichtig sind in diesem Zusammenhang die Merkmale körperliche Stressreaktionen, langfristige Auswirkungen von Stress, Situationsbewertungen, eigene Ressourcen (vgl. Kaluza, 2011, S. 12). Die

10 Im Downloadbereich der APOLLON University Press unter http://apollon-hochschulverlag.de/downloads/bgm/ (oder über den QR-Code) finden Sie ein Arbeitsblatt zu den Stressoren und zur persönlichen Belastungshierarchie (Download VIII).

Stressampel wurde von Kaluza als Erklärungsmodell für das Stressgeschehen entwickelt (vgl. Kaluza, 2011, S. 12). Die Stressoren stellen äußere unterschiedliche belastende Bedingungen und Situationen dar (z. B. physikalische, körperliche und soziale Anforderungen sowie Leistungsanforderungen) (vgl. Kaluza, 2011, S. 13). Auf diese Belastungen reagiert der Organismus mit körperlichen und psychischen Stressreaktionen. Dies zeigt sich:

- auf der körperlichen Ebene z. B. in Form einer erhöhten Muskelspannung
- auf der behavioralen Ebene z. B. durch ein ungeduldiges Verhalten, einen konfliktreichen Umgang mit anderen Menschen sowie
- auf der kognitiv-emotionalen Ebene z. B. durch innere Unruhe (vgl. Kaluza, 2011, S. 14)

Die individuellen Motive, Einstellungen und Bewertungen des belasteten Individuums stehen als individuelle Stressverstärker zwischen den Stressoren und Stressreaktionen und entscheiden, ob Stressreaktionen ausgelöst oder verstärkt werden. Letzteres passiert beispielsweise beim Perfektionismus (Kaluza, 2011, S. 14). Zur aktiven Einbindung der TN werden Zuruffragen gestellt. Es wird beispielsweise gefragt: „Welche Ressourcen nutzen Sie zur Stressbewältigung?". Die einfache und klare Struktur der Ampel eignet sie sich gut für ein Gesundheitsseminar, da individuelle Stresserfahrungen auf diese Weise gut reflektiert werden können.

Zusammenhang zwischen Kognitionen und Stress: Die nachfolgende Übung zur Stressinduktion, bei der eine vertrauensvolle Atmosphäre Voraussetzung ist, soll den TN den Einfluss von kognitiven Prozessen auf körperliche Reaktionen verdeutlichen. Die TN werden gebeten, die Augen zu schließen und sich an ein angenehmes Erlebnis zu erinnern. Der Referent erläutert die Übung und informiert die TN darüber, dass er aufstehen und einen TN auf die Schulter tippen werde. Dieser TN solle dann über sein Erlebnis in der Gruppe berichten. Der Referent geht nach seiner Ankündigung hörbar im Kreis herum, ohne jedoch einen TN an der Schulter zu berühren. Dann setzt er sich wieder, bittet die TN die Augen zu öffnen und zu erzählen, wie sie diese Situation empfunden haben (vgl. Kaluza, 2011, S. 107–108).

Es soll deutlich werden, dass verschiedene TN dieselbe Situation unterschiedlich bewerten, körperlich anders reagieren und ganz bestimmte Gedanken eine Körperanspannung verursachen. Dabei ist eine Erkenntnisübertragung auf das eigene Stresserleben wünschenswert (vgl. Kaluza, 2011, S. 108). Dies erhöht die Risikowahrnehmung und die Achtsamkeit im Umgang mit sich selbst. Lösungsstrategien können frühzeitig entwickelt werden.
Problemlösetraining: Im Anschluss werden mit der Gruppe, exemplarisch für eine konkrete Belastungssituation eines TN oder ein fiktives Beispiel, die sechs Schritte der Problemlösung am Flipchart erarbeitet. Nachdem die Situation genau beschrieben wurde, werden Ideen zur Bewältigung gesammelt. Dann gilt es, eine eigene Lösung zu finden und konkrete Schritte zu planen, sodass im Alltag gehandelt und eine Bilanz gezogen werden kann (vgl. Kaluza, 2011, S. 123). Die Übung fördert die Einnahme einer wertungsfreien Haltung. Dies erweist sich für die TN in Belastungssituationen als nützlich.
Tagesprotokoll und Erfahrungsaustausch: Im Anschluss daran werden die PP zu einer Einzelarbeit aufgefordert: Sie sollen in einem Tagesprotokoll ihre Aktivitäten im normalen Tagesverlauf dokumentieren.[11] Sie analysieren auf diese Weise eine Zeiteinteilung. Unterschieden wird beispielsweise zwischen Arbeits- und Wegezeit. Die TN können so auch noch einmal überprüfen, wie hoch ihre tatsächliche Schlafmenge ist, sodass eine inhaltliche Verknüpfung zum Modul „Gesunder Schlaf" erfolgt. In einer Gruppenarbeit (vier TN pro Gruppe) wird sich über das Freizeitverhalten ausgetauscht.

Folgende Fragen, die auf vorbereiteten Flipcharts stehen, sollen beantwortet werden:

- „Welche Maßnahmen tragen zu einer erholsamen Freizeitgestaltung bei?"
- „Was können Sie tun, um ihr soziales Netz zu erhalten oder auszubauen?"

11 Im Downloadbereich der APOLLON University Press unter http://apollon-hochschulverlag.de/downloads/bgm/ (oder über den QR-Code) finden Sie eine Vorlage für ein Tagesprotokoll (Download IX).

Die Ergebnisse der Gruppen werden zusammengeführt, und in einem Vortrag werden Handlungsempfehlungen für die Gestaltung des Soziallebens gegeben.

Generell haben die Familie und der Freundeskreis einen hohen Stellenwert in punkto Problembewältigung und Umgang mit negativen Gefühlen. Diese Ressource ist zu erhalten und zu stärken. Den PP wird empfohlen, genaue Absprachen zu treffen, oft an gemeinsamen Mahlzeiten der Familie teilzunehmen, regelmäßig miteinander zu reden und gemeinsam aktiv zu sein. Es sollte nicht auf die Zeitdauer, sondern auf die Art der verbrachten Zeit mit der Familie und Freunden geachtet werden. Sinnvoll ist ein Kalender, in dem Schichtdienste, langfristig terminierte Absprachen und Zeitpläne der Familie und Freunde vermerkt sind, aber auch Zeit für Hobbys und freie Zeit (vgl. Schweflinghaus, 2006, S. 30).

Damit eine effektive Tagesplanung umgesetzt werden kann, werden einige Methoden zur Prioritätensetzung vorgestellt, die das Zeitmanagement optimieren können. So besagt z. B. das Pareto-Prinzip (20-80-Regel), dass mit 20 % Aufwand 80 % Ergebnis erzielt werden kann. Es ist also die Frage zu klären, welche 20 % der Arbeiten den größten Erfolg generieren, sodass in diese zu investieren ist. Das Prinzip ist nach Vilfredo Pareto, der von 1848–1923 lebte, benannt (vgl. Hatzelmann, Held, 2010, S. 17). Während des Vortrags erfahren die TN, wie sie ihr Freizeitverhalten optimieren und ihr soziales Netz ausbauen können. Das eigenverantwortliche Gesundheitsverhalten wird gefördert, die Vereinbarkeit von Arbeit, Familie und Beruf sowie das Wohlbefinden werden verbessert.

Body-Scan und Stress-Pilot: Nachfolgend wird den PP die leicht erlernbare und alltagstaugliche Entspannungsmethode Body-Scan, eine Art der Meditation, vorgestellt. Sie ist Teil der Mindfulness-based Stress Reduction (MBSR). Dieses Programm zur „Stressbewältigung durch Achtsamkeit" wurde von J. Kabat-Zinn entwickelt (vgl. Kabat-Zinn, 2003). Wissenschaftliche Studien belegen positive Effekte im Zusammenhang mit der Stressbewältigung, der Erhöhung der Lebensqualität und der Reduzierung von Schmerzen (vgl. Kabat-Zinn, 2003; Carlson, et al., 2003, S. 575; Morone et al., 2008, S. 845 f.).

Bei dem Body-Scan wird der Körper durch die Vorstellungskraft methodisch abgetastet.[12] Die Aufmerksamkeit wird jeweils auf das Ein- und Ausatmen gelenkt, sodass innere Spannungen und Körpersignale bewusst wahrgenommen und reflektiert werden können. Die Muskeln lockern sich und durch das Loslassen von Gedanken und Erfolgserwartungen werden Anspannungen gelöst (vgl. Hoos-Leistner, Balk, 2008, S. 69 f.). Die Körperwahrnehmung wird hinsichtlich der physischen und psychischen Bedürfnisse intensiviert, sodass z. B. Stresssignale früh erkannt und Gegenmaßnahmen ergriffen werden können.

Die Anleitung der TN zur Übung erfolgt durch den Referenten. Anschließend können sich die TN optional am Stresspiloten, der aus einem Sensor zur Pulsmessung und einer PC-Trainingssoftware besteht, die Anpassungsfähigkeit des Herzens an Belastungen darstellen lassen. Dies erfolgt über eine Messung der Herzratenvariabilität (HRV). Über den Stresspiloten kann der TN erkennen, wann der Kohärenzzustand erreicht ist. Dann wird er über das Biofeedback in den Zustand der Entspannung geführt (vgl. Nagel, 2013). Die Reduzierung physiologischer Werte der HRV durch Biofeedback wurde in einer Studie nachgewiesen (vgl. Löllgen et al., 2009, S. 9)

Test körperlicher Leistungsfähigkeit und Bewegung: Die Pflegekräfte sind hohen psychischen und physischen Belastungen ausgesetzt, sodass eine gute körperliche Konstitution erforderlich ist. Besonders effektiv ist Sport, wenn er Ausdauer, Kraft und Beweglichkeit schult, da trainierte Muskeln die korrekte Ausführung von Tätigkeiten wie Heben und Transfer ermöglichen und Fehlhaltungen vorbeugen (vgl. Just 2000, S. 72). Optimal ist ein Training, wenn es bedürfnisgerecht angepasst ist, Spaß macht und mit Freunden durchgeführt werden kann (vgl. Weineck, 2010, S. 1049).

Um den PP ihre eigene Leistungsfähigkeit (Ausdauer) bewusst zu machen, erfolgt ein Zumba-Tanztraining. Zumba verknüpft zu motivierenden lateinamerikanischen Rhythmen, in einem anstrengenden Intervalltraining, Aerobic und Tanzschritte, sodass alle Muskelgruppen und besonders das Herz effektiv trainiert werden (vgl. Kooperation Alumniportal Deutschland,

---

12 Im Downloadbereich finden Sie Materialien zum Body-Scan im Download X.

o. J.). Im Vorfeld erfolgt durch die TN eine Selbstmessung des Ruhepuls. 60 Schläge/Minute bis 80 Schläge/Minute liegen im Normbereich, 50 Schläge/Minute sind sehr gut und bei über 80 Schlägen/Minute sollte ein Arzt konsultiert werden (vgl. Gollner, 2012, S. 51–52). Dann erfolgt für ca. 30 Minuten Zumba. Direkt danach wird der Puls (Belastungspuls) gemessen. Eine weite Messung erfolgt nach drei Minuten (Erholungspuls). Die Pulsdifferenz zeigt die Schnelligkeit der Erholungsfähigkeit des Herzens an. 20 Schläge/Minute bis 40 Schläge/Minute können als gut bzw. sehr gut angesehen werden, bei 20 Schlägen/Minute ist die körperliche Leistungsfähigkeit zu steigern. Regelmäßige Messungen während des Sports verdeutlichen den Trainingsstatus (vgl. Gollner, 2012, S. 51 f.).

Den TN wird ihre eigene Leistungsfähigkeit bewusst, dies stärkt ihre Risikowahrnehmung und motiviert zu mehr körperlicher Bewegung. Es schließt sich ein Vortrag zur Bewegung an, der die Folgen von mangelnder Bewegung thematisiert. Es wird hierbei insbesondere auf den Nutzen von Bewegung eingegangen, da eine regelmäßige körperliche Aktivität einen hohen primärpräventiven Charakter hat. Studien weisen nach, dass Bewegung u. a. kardiopulmonale Risikofaktoren senkt, die Muskel-Skelett-Gesundheit verbessert und das psychische Wohlbefinden erhöht (vgl. Hardmann, Stensel, 2003; Brill et al., 2000, S. 414; Dunn, Trivedi, O'Neal, 2001, S. 595).

Während des Vortrags werden immer wieder Zuruffragen gestellt. Es wird beispielsweise gefragt: „Welche positiven Erfahrungen haben Sie mit Sport erleben können?". Um die Motivation für eine konkrete Zielsetzung zu erhöhen, werden Praxisempfehlungen gegeben. Beispielsweise werden Radfahren, Walking zur Muskelkräftigung sowie Gymnastik genannt (vgl. Just, 2000, S. 73).

Rückenbelastende Situationen, Erleichterungsstrategien, Praxisteil: Jetzt stehen rückenbelastende Situationen im Pflegealltag in einem entsprechend ausgestattetem Raum (Pflegebett, diverse Hilfsmittel usw.) auf dem Programm. Die TN werden mithilfe von Zuruffragen, die an ihre persönliche Situation anknüpfen, aktiviert:

- „Welche Situationen belasten Ihren Rücken bei der Mobilisation eines Patienten?"
- „Wie können Sie die Belastung für Ihren Rücken reduzieren?"

Die Antworten sind auf je einem Flipchart zu verschriften. Die Strategien zur Belastungsbewältigung werden durch den Referenten ergänzt. Es werden Kenntnisse der Kinästhetik vermittelt bzw. aufgefrischt

> Sie *„ist eine Lehre der menschlichen Bewegung. Sie beschreibt, analysiert und vermittelt Aspekte der Bewegung als grundlegende Voraussetzung für jede menschliche Funktion. Sie ist ein Handlungskonzept in der pflegerischen Arbeit und dient der Gesundheit des Patienten ebenso wie der Gesundheit des Pflegepersonals."* *(Amman 2010, S. 58)*

PP sollen individuelle Ressourcen des Patienten wahrnehmen, sodass der Patient sich aktiv am Bewegungsprozess beteiligen kann. Die Bewegungsfähigkeit der Patienten wird erhöht und die PP können z. B. berufsbedingten Rückenschmerzen vorbeugen (vgl. Amman 2010, S. 58).

Im Praxisteil werden verschiedene Transfer- und Hebetechniken vertieft sowie Hilfsmittel vorgestellt. Anhand zuvor genannter Belastungssituationen der TN werden gemeinsam Transfer- und Hebetechniken durchgeführt sowie Hilfsmittel (z. B. Rutschbrett) angewendet. Beispielsweise erfolgt ein Transfer auf einen Stuhl mit Rutschbrett und zurück (vgl. Amman, 2010, S. 32–41). Die TN erweitern ihr Wissen im Hinblick auf rückenentlastende Tätigkeiten. Zudem können sie ihr Wissen anwenden und damit ihre Selbstwirksamkeit und Eigenverantwortung stärken.

Training und Gesundheitsberatungen: Ein gesundheitsorientiertes Training trägt u. a. zum Erhalt und zur Steigerung der körperlichen und psychischen Leistungsfähigkeit, zur Vorbeugung von Fehlhaltungen und insbesondere zur Stärkung der Rücken- und Bauchmuskulatur, um die Wirbelsäule zu entlasten, bei (vgl. Just, 2000, S. 9).

Die PP werden informiert, dass der Seminaranteil „Bewegung" zusätzlich die kommenden drei Monate umfasst. Das Coaching erfolgt durch Physiotherapeuten (zwei Tage pro Woche mit je zwei Stunden) mit Übungen zur Verbesserung der Gesamtkoordination-, der Herz-Kreislauf-Funktion und zur

Stärkung der Rückenmuskulatur (individuell abgestimmt auf die Ergebnisse vom Gesundheits-Check-up). Zugehörige Dehn- und Entspannungsübungen verbessern die Regeneration, und Praxisübungen vertiefen die Kenntnisse zur Kinästhetik, sodass körperliche Risikofaktoren reduziert werden können. Die Motivation, das gesundheitsförderliche Verhalten zu stärken, wird durch die Partnerarbeit und das Gruppentraining gestärkt. Das soziale Netzwerk kann ausgebaut werden, da sich z. B. Freundschaften entwickeln. Wünschenswert ist es, wenn der Vorgesetzte in seiner Vorbildrolle teilweise an Übungen teilnimmt, im Sinne des Vorlebens einer Gesundheitskultur. Ferner werden die PP an die Gesundheitsberatungen erinnert, die bereits vom Betriebsarzt vorgestellt wurden. Drei Beratungen werden verbindlich, drei optional angeboten (telefonisch, per E-Mail, persönlich) (vgl. Kap 5.1). Persönliche und genaue Handlungspläne können kontrolliert sowie Fragen und/oder Probleme zum persönlichen Gesundheitsprojekt oder belastenden Situationen im Alltag besprochen werden. Ziel ist es, die Selbstwirksamkeit der PP durch motivierende Gespräche zu steigern und sie bei auftretenden Barrieren in der Erarbeitung von Bewältigungsstrategien zur Verbesserung des Gesundheitsverhaltens zu unterstützen.

Gesundheitsorientiertes Krafttraining – Pilates: Der nächste Teil des Seminars vermittelt Pilates, ein systematisches Körpertraining. Es verknüpft Konzentrationsübungen mit Kraft- und Ausdauertraining, Beweglichkeit und Koordination. Trainiert werden v. a. die tiefe Bauchmuskulatur und die Stabilisierungsmuskeln der Wirbelsäule. Die Körperwahrnehmung und die Konzentrationsfähigkeit werden verbessert, und die Entspannungselemente reduzieren den Stress und steigern das Wohlbefinden, sodass diese Methode für PP besonders geeignet ist (vgl. Weineck, 2010, S. 1029).

Erkenntnisübertragung: Im Anschluss reflektieren die TN alle Seminarinhalte. Sie werden zu einer Einzelarbeit motiviert, in der sie die drei für sie bedeutsamsten Ziele aus den Seminarmodulen in einem abschließenden Gesundheitsprojekt formulieren. Der Nutzen, mögliche Barrieren und entsprechende Bewältigungsstrategien sollen erarbeitet und die nächsten konkreten Umsetzungsschritte geplant werden. Eine Liste mit Empfehlungen für Schichtarbeiter dient als Unterstützung. Danach werden die Ziele einem

Partner vorgestellt, um eventuell die gefassten Vorsätze zu modifizieren. Später können gegenseitig die Zielerreichungsgrade überprüft und das soziale Netzwerk gefördert werden. Insgesamt werden dadurch die Seminarmodule miteinander verknüpft und die Nachhaltigkeit unterstützt, sodass die Selbstwirksamkeitserwartung und die Eigenverantwortung der TN gestärkt werden.

Seminarabschluss: Der Referent fasst die Inhalte kurz zusammen und händigt jedem TN einen Gesundheitspass aus, der PP darin unterstützen soll, ihr Wohlbefinden zu erhöhen. Jede Teilnahme an einem Gesundheitsangebot ist mit Punkten hinterlegt, die jährlich gesammelt werden und mit einem Bonusprogramm verknüpft sind. Der Bonus ist gestaffelt an die Anzahl der Gesamtpunktzahl. Ferner besteht ab dem Erreichen von fünf Punkten die Möglichkeit, an einer jährlichen Verlosung teilzunehmen, um z. B. einen Wellnesstag zu gewinnen. All dies soll die Motivation der PP erhöhen, gesundheitsförderliche Aktivitäten wahrzunehmen. Abschließend können sich die TN in einem Blitzlicht zum Seminar äußern und der Referent beschließt das Seminar. Das folgende Kapitel stellt die Seminarmodule dar.

5.4.4 Seminardarstellung

Das Seminar „Gesund und fit im Schichtbetrieb“ besteht aus den Modulen „Gesunder Schlaf“, „Gesunde Ernährung“ und „Bewegung, Stressbewältigung und Freizeit“, die anschließend dargestellt werden (vgl. Tab. 5.4–5.6). Die Darstellung beinhaltet die Zeit (in Minuten), das Thema/Inhalt, das moderatorische Instrument bzw. die Technik und das Lernziel. Der Zeitumfang beträgt pro Modul 470 Minuten, inklusive der Pausen (je Modul 50 Minuten Zeitpuffer). Das Modul „Gesunder Schlaf“ wird in Tabelle 5.4 beschrieben.

Tabelle 5.4: Modul „Gesunder Schlaf"

Zeit (in min)	Thema/Inhalt	Moderatorisches Instrument/Technik	Lernziel
15	Vorstellung der Seminareinheit	Titelplakat	Kennenlernen des Referenten und der Seminareinheit, Schaffung von Transparenz
90	Kennenlernen der TN, deren Erfahrungen, Erwartungen, Bedeutung der Gesundheit	Gruppenarbeit, Präsentation: 3 Mastercharts, Metaplanwand, Karten (rot, gelb)	TN kennen sich, Reflexion der Erwartungen, Einstellungen zur Gesundheit; Erkenntnis, das Gesundheit ein Prozess ist
10	Vereinbarung von Gruppenregeln	Zuruffrage: auf Flipchart visualisiert	Anerkennung der Regeln
20	Pause		
10	Beantwortung des Fragebogens zur Erfassung der Tagesschläfrigkeit (ESS)	Einzelarbeit: Kurzfragebogen zur Tagesschläfrigkeit	Reflexion des individuellen Schlafverhaltens, Förderung der Risikowahrnehmung
30	Priorisierung von Situationen für erhöhte Tagesschläfrigkeit	Punktfrage Packpapier mit vorbereiteter Grafik, 3 Punkte pro TN	Vertiefung der Risikowahrnehmung der TN auf ihre Tagesschläfrigkeit hinsichtlich der Situationen
20	Einführung ins Thema Input: Schichtdienst	Vortrag Powerpoint-Präsentation, Zuruffragen	Wissen um die Folgen der Schichtarbeit auf den zirkadianen Rhythmus, der Leistungskurve, Schlaf, Erhöhung individueller Risikowahrnehmung
60	Erfahrungsaustausch über Schlaf	Gruppenarbeit vorbereitete Mastercharts	Kennenlernen von Maßnahmen zur Erhöhung der Schlafqualität, Erkennen von Hinderungsgründen für einen gesunden Schlaf, Entwicklung von Lösungsstrategien, Förderung von Eigenverantwortung und Selbstwirksamkeit
60	Pause		

Zeit (in min)	Thema/Inhalt	Moderatorisches Instrument/Technik	Lernziel
10	Aktivierungsübung für die TN	Praxisübung	Kennenlernen und Anwendung einer Übung zur Lockerung
30 20	Ergebnispräsentation je Gruppe mit anschließenden Handlungsempfehlungen	ausgefüllte Mastercharts der Gruppen Vortrag: Powerpoint-Präsentation	Kennenlernen von Maßnahmen für einen gesunden Schlaf
10 20	Entspannungstechnik: autogenes Training	Vortrag: Powerpoint-Präsentation, Praxisübung, Matten, Anleitung	Kennenlernen/Durchführung von autogenem Training als Entspannungstechnik zur Förderung von Achtsamkeit
10	Pause		
10	Aktivierungsübung	Praxisübung: Schultern	Kennenlernen/Anwendung von Übungen zur Lockerung von Nacken und Schultern
30	Gesundheitsprojekt „Gesunder Schlaf“: persönliche Reflexion und Zielformulierung	Partnerarbeit Arbeitsblatt: „Gesunder Schlaf“	Reflexion, Formulierung, Fixierung wesentlicher Erkenntnisse und Ziele
15	Ausstieg, Feedback	Blitzlicht	Seminarbeurteilung

Tabelle 5.5 stellt das Seminarmodul „Gesunde Ernährung" dar.

Tabelle 5.5: Modul „Gesunde Ernährung"

Zeit (in min)	Thema/Inhalt	Moderatorisches Instrument/Technik	Lernziel
10	Vorstellung der Seminareinheit	Titelplakat	Kennenlernen des Seminarmoduls
30	Vorstellung der TN, deren Erfahrungen, Erwartungen, Wiederholung des letzten Seminarmoduls	Blitzlicht pro TN Visualisierung der Erwartungen auf dem Flipchart	Referent kennt die TN, deren Erfahrungen im Schichtdienst und deren Seminarerwartungen, Reflexion des letzten Moduls
40	Sensibilisierung für das Thema	Gruppenarbeit /Frage, Präsentation 3 vorbereitete Mastercharts, Karten	Reflexion der persönlichen Einstellung zur gesunden Ernährung
20	Pause		
10	Sensibilisierung für den Zuckergehalt in Lebensmitteln	Zuckerquiz und Lösung, Diskussion	Wahrnehmung des Zuckergehaltes von Lebensmitteln, Steigerung der persönlichen Risikowahrnehmung und Eigenverantwortung
40	Einführung ins Thema Input: gesunde Ernährung	interaktiver Vortrag, Diskussion Powerpoint-Präsentation, aid-Ernährungspyramide, Lebensmittel, Bilder	Vertiefung des Wissens über die gesunde Ernährung, Ernährungstrends, Zuordnung der Lebensmittel in verschiedene Gruppen, Überprüfung und Verbesserung des eigenen Essverhaltens, Förderung der Risikowahrnehmung/ Selbstwirksamkeit
25	Sensibilisierung der Genussfähigkeit	Zuruffrage Flipchart, Genussregeln	Erweiterung der persönlichen Genussfähigkeit, Förderung der Achtsamkeit
35	Entspannungstechnik: Progressive Muskelrelaxation (PMR)	Matten, Anleitung der PMR	Kennenlernen/Durchführung von PMR, Förderung von Achtsamkeit und Sensibilisierung mit dem eigenen Körper
60	Pause		

Zeit (in min)	Thema/Inhalt	Moderatorisches Instrument/Technik	Lernziel
15	Aktivierungsübung	Übung Transfer	Aufbau von Konzentration
20	Ernährungsempfehlungen bei Schichtdienst	Vortrag Powerpoint-Präsentation, Zuruffragen	Kennenlernen der Besonderheiten der Ernährung im Schichtdienst und der Folgen ungesunder Ernährung, Stärkung der Risikowahrnehmung, Kennenlernen chronologisch angepasster Mahlzeiten je Schichtart
10	Mahlzeitenverteilung: Protokollierung der Essenzeiten	Einzelarbeit, Protokoll der Essenszeiten	Bewusstwerdung persönlicher Essenszeiten, Überprüfung und Verbesserung des eigenen Essverhaltens, Optimierungsbedarf wird erkannt
60	Zusammenstellung gesunder Menüs: Zubereitung von z. B. Powergetränken	Praxisübung, Gruppenarbeit, Diskussion, Küche, Küchenbedarf, Lebensmittel	Zusammenstellung bedarfsgerechter, schneller Mahlzeiten, Zubereitung von Snacks und Getränken, Reflexion des persönlichen Essverhalten, Erhöhung der Selbstwirksamkeit
60	Pause		
5	Lockerungsübungen	Praxisübung	Kennenlernen/Anwendung einer Übung zur Lockerung
30	Barrieren zur Zielerreichung und Lösungsmöglichkeiten	Gruppenarbeit, Präsentation: vorbereitetes Flipchart, Ergänzung der Lösungen	Erarbeitung denkbarer Barrieren und Erarbeitung von Lösungen zur Zielerreichung
30	Gesundheitsprojekt „Gesunde Ernährung“: persönliche Reflexion, Zielformulierung	Partnerarbeit Arbeitsblatt: „Gesunde Ernährung“	Reflexion, Formulierung, Fixierung wesentlicher Erkenntnisse und Ziele; Stärken der Eigenverantwortung
15	Ausstieg, Feedback	Blitzlicht	Seminarbeurteilung
(5)	Verabschiedung und Nachbereitung	Dokumentation der Visulate	Fotoprotokoll

In Tabelle 5.6 erfolgt die Darstellung des Seminarmoduls „Bewegung, Stressbewältigung und Freizeit“.

Tabelle 5.6: Modul „Bewegung, Stressbewältigung und Freizeit“

Zeit (in min)	Thema/Inhalt	Moderatorisches Instrument/Technik	Lernziel
5	Vorstellung der Seminareinheit	Titelplakat	Kennenlernen des Seminarmoduls
10	Wiederholung des letzten Moduls, Erwartungen der TN, Nennung einer Stresssituation (optional)	Blitzlicht Visualisierung der Erwartungen und Stresssituation	Reflexion des letzten Seminarmoduls
15	Sensibilisierung Stress	Kartenabfrage Metaplan mit vorbereiteten Satzanfängen, „Stressampel“ auf Metaplanwand	Herstellung des persönlichen Bezugs zum Stress
10	Erstellung einer individuellen Stressorenliste	Einzelarbeit Arbeitsblatt: „Alltägliche Belastungen“	Identifizierung, Ermittlung eigener Stressoren, Förderung der Achtsamkeit
10	Einführung: Input: Stress	Vortrag Powerpoint-Präsentation, Zuruffragen	Wissen um den Unterschiede zwischen Stressor, Stressreaktion und evtl. Folgen, Bewertung und Bewältigung von Stresssituationen, Stärkung der Risikowahrnehmung, Achtsamkeit, Selbstwirksamkeit
10	Zusammenhang zwischen Kognitionen und Stress	Praxisübung Übung zur Stress-induktion	Wissen um den Einfluss kognitiver Prozesse auf das Verhalten

Zeit (in min)	Thema/Inhalt	Moderatorisches Instrument/Technik	Lernziel
20	Problemlösetraining	Großgruppe Flipchart, Stresssituation der TN oder Beispielsituation	Reflexion von Stresserfahrungen, Kennenlernen und Anwendung einer Methode zur Situationsbewältigung, Steigerung der Selbstwirksamkeit
20	Pause		
10	Ausfüllen eines Tagesprotokolls zum Zeitüberblick	Pause Einzelarbeit Arbeitsblatt: „Tagesprotokoll"	Erfassung des individuellen Freizeitanteils und der Schlafmenge
30	Erfahrungsaustausch über das Freizeitverhalten und das soziale Netzwerk	Gruppenarbeit vorbereitete Flipcharts	Entwicklung von Möglichkeiten zur Freizeitgestaltung, Erhöhung des Bewusstseins für soziale Beziehungen als wichtige Ressource
10	Ergebniszusammenführung, Ergänzung der Handlungsempfehlungen	Vortrag Powerpoint-Präsentation	Kennenlernen von Aktionen zur Förderung eines gesunden Freizeitverhaltens
40	Entspannungstechnik: Body-Scan	Praxisübung	Verbesserung der Wahrnehmungsfähigkeit für Körperregionen, Gefühle, frühzeitige Erkennung von Stressreaktionen, Erhöhung der Achtsamkeit
15	Stresspilot	Stresspilot: Herzkohärenztraining	Erkenntnis über den Zusammenhang von Herzaktivität/Atmung, die Effektivität von Entspannungstechniken
60	Pause		
30	Test körperlicher Leistungsfähigkeit: Zumba	Praxisübung CD-Player, Musik-CD	Reflexion über eigene körperliche Leistungsfähigkeit (Ausdauer)

Zeit (in min)	Thema/Inhalt	Moderatorisches Instrument/Technik	Lernziel
10	Einführung: Input: Bewegung	Vortrag Powerpoint-Präsentation	Vertiefung des Wissen um die Folgen von mangelnder Bewegung, Erhöhung der Risikowahrnehmung, Erkenntnis über die Notwendigkeit der Bewegungsförderung
10	Erfahrungsaustausch rückenbelastende Situationen, rückenschonende Strategien	Zuruffragen, vorbereitetes Flipchart	Vertiefung der Kenntnisse zur Kinästhetik und rückenschonender Strategien, Stärken der Selbstwirksamkeit
45	Transfer und Hebetechniken	Praxisübungen und Partnerarbeit Pflegebett, Hilfsmittel	korrekte Anwendung von rückenentlastenden Tätigkeiten, zur Anwendung im Alltag anregen
10	Training, Gesundheitsberatung	Vortrag Powerpoint-Präsentation	Wissen um Fortführung des Bewegungsmoduls und um Beratungen, Erhöhung der Motivation und Selbstwirksamkeit
10	Pause		
25	Krafttraining: Pilates	Praxisübung Matten, Anleitung, Pilates	Kennenlernen/Durchführung von Pilates als ganzheitliches Training, Förderung von Beweglichkeit und Achtsamkeit
30	Gesundheitsprojekt	Einzelarbeit, Partnerarbeit Arbeitsblatt: „Empfehlungen für die Schichtarbeit", Arbeitsblatt: „Mein Gesundheitsprojekt"	Festigung der Seminarinhalte, Formulierung von drei persönlichen Oberzielen und Maßnahmen zur Umsetzung, Identifizierung von Barrieren zur Zielerreichung und Entwicklung von Lösungsstrategien
10 20	Ausstieg, Gesundheitspass Feedback	Gesundheitspass pro TN Blitzlicht	Kennenlernen des Gesundheitspasses zur Erhöhung der Motivation und Eigenverantwortung
(5)	Verabschiedung und Nachbereitung	Dokumentation der Visulate	Fotoprotokoll

5.5 Evaluation und Erfolgskontrolle

Jeder Lehrprozess ist hinsichtlich des Erfolgs zu evaluieren. Pfaff versteht unter Evaluation *„die systematische, datengestützte Bewertung von Interventionen in soziale Systeme und von Systemzuständen"* (Pfaff, 2001, S. 27). Einzelmaßnahmen können systematisch bewertet werden (beispielsweise Pilates), ebenso Betriebssport (z. B. als Maßnahmetyp) oder Präventionsprogramme zur Rückenstärkung. Bewertungen solcher Maßnahmen werden als Evaluation erster Ordnung bezeichnet, da diese *„direkt oder indirekt auf die Bewertung konkreter Inhalte abzielt"* (Pfaff, 2001, S. 35 f). Die Evaluation zweiter Ordnung bezieht sich auf das betriebliche Gesundheitsmanagement, also auf die Steuerung aller betrieblichen Prozesse, auf den Erhalt und die Förderung der Gesundheit der Beschäftigten (vgl. Pfaff, 2001, S. 32). Diese soll hier nicht thematisiert werden. Für das Seminar sollte mittels eines Fragebogens eine Bewertung für das Gesamtseminar, für die Seminarmodule, die Methodenvielfalt, das Erreichen der Seminarziele und den praktischen Nutzen für den TN erfolgen. Es sind die Seminarleitung, die Lehrmaterialien, die Referenten, die Räumlichkeiten, die Gruppenatmosphäre und die Erfüllung der Erwartungen durch die TN zu beurteilen. Auch sollte eine Teilnehmerliste geführt werden.

Wird eine Bezuschussung durch eine Krankenkasse nach § 20 SGB V angestrebt, so sind neben besonderen Anforderungen Handouts für die Kursteilnehmer nachzuweisen (vgl. Borkel et al., 2011, S. 21). Nach dem Seminar sind die Bögen durch den Kursleiter detailliert auszuwerten. In einem Gespräch mit dem Auftraggeber sollten dann eine Analyse und abschließende Bewertung der Ergebnisse, ein Bericht über den Verlauf des Seminars (Nennung evtl. kritischer Phasen) sowie die Besprechung der weiteren Vorgehensweise erfolgen.

Eine weitere Erfolgskontrolle ergibt sich durch die Auswertung der jeweils dokumentierten Check-ups der Mitarbeiter. Bei einer Anonymisierung der Daten kann eine Auswertung erfolgen sowie eine Auswertung gegenüber einer Kontrollgruppe, die eine ähnliche Altersverteilung, eine gleiche Tätigkeit sowie einen ähnlichen Gesundheitsstatus zur Interventionsgruppe aufweist.

Sie nehmen nach drei Monaten einen Check-up, jedoch keine Gesundheitsberatungen und kein Seminar in Anspruch. Die Differenz zwischen der Veränderungs- und der Kontrollgruppe wird als Interventionseffekt bezeichnet. Bei einer vergleichenden Messung nach drei Monaten beider Gruppen sollten sich die Gesundheitsdaten der Kontrollgruppe nicht erheblich verändert haben. Die Gesundheitsdaten der Interventionsgruppe sollten dagegen Veränderungen aufweisen (vgl. Badura, von dem Knesebeck, 2012, S. 210).

5.6 Kosten des Seminars

Zur Ermittlung ökonomischer Vor- und Nachteile ist im Allgemeinen eine Kosten-Nutzen-Analyse hilfreich, die den Aufwand und den Nutzen einer Interventionsmaßnahme in Geldwerten ausgedrückt, vergleicht. Der Gesundheitsnutzen ist bei einer BGF jedoch schwer monetär bewertbar. Ferner fallen Aufwand (direkte Kosten) und Nutzen zeitlich auseinander (vgl. Naidoo, Wills, 2010, S. 472). Die Ermittlung der Wirtschaftlichkeit kann alternativ mittels der Kosten-Wirksamkeits-Analyse erfolgen. Den Geldwerten aller Aufwendungen werden in dieser Analyse die eingetretenen Wirkungen in Graden der Zielerreichung zur Ermittlung von Veränderungen gegenübergestellt (vgl. Naidoo, Wills, 2010, S. 473). Aus diesem Grunde scheint die Anwendung einer Kosten-Wirksamkeits-Analyse bei Gesundheitsinterventionen sinnvoller. Die Kosten für den Gesundheits-Check-up beruhen auf der Gebührenordnung für Ärzte (vgl. GOÄ, 2011). Eine Kostenkalkulation des Konzepts zeigt Tabelle 5.7.

Tabelle 5.7: Investitionskonzept

	Investitionen: Gesundheits-Check-up		
	Beschreibung	**Einzelkosten in €**	**Gesamtkosten in € für 12 PP**
	Anamnese	29,49	353,88
+	Größe, Gewicht, Blutdruck	3 x 3,15 =9,45	113,40
+	Blutbild	4,02	48,24
+	Cholesterin	3 x 2,68 = 8,04	96,48
+	Blutentnahme	4,20	50,40
+	Befundbericht	17,43	209,16
+	Beratung	10,72	128,64
+	Sechs Beratungen	6 x 10,72 = 64,32	771,84
+	Ergometrische Prüfung	20,38	244,56
=	Investition Check-up	168,05	2.016,60
	Investitionen: Seminar		
	Beschreibung	**Einzelkosten in €**	**Gesamtkosten in € für 12 PP**
	Verpflegung (Mittagessen, Getränke, Obst- und Gebäckteller)	10,00	120,00
+	Seminarunterlagen (Skript, Stifte, Markierungspunkte, Moderationskarten, Pinnwandnadeln, Flipchart, Flipchartpapier, Pinnwand)	5,00	60,00
=	Investition pro Seminar	15,00	180,00
	Einmalige Kosten des Seminars		
	Beschreibung	**Einzelkosten in €**	**Gesamtkosten in € für 12 PP**
	Papier (500 Blatt) (einmal)	4,00	4,00
+	Namensschild (5,00 €/20 Stück)	0,25	3,00
+	Druckerfarbe (schwarz und bunt)	(pro Farbe) 17,99	35,98
+	Erstellung Handouts (2 Stunden)	30,00	30,00
+	Kuverts (DIN-B 6) (100 Stück = 3,43 €), Porto (0,62 €)	0,41 0,62	7,85
+	Lebensmittel (Modul „Gesunde Ernährung“)	10,00	120,00
+	seminarbezogene aktuelle Fachliteratur	50,00	50,00

=	Investitionen einmalige Kosten	113,27	250,83
	Investitionen Seminar gesamt	3 x 15,00 = 45,00	135,00
+	Investitionen einmalige Kosten	113,27	250,83
=	Seminar gesamt	158,27	385,83
Investitionen: Gesundheitspass			
Beschreibung		**Einzelkosten in €**	**Gesamtkosten in € für 12 PP**
	Druck A5-Format (inkl. Umschlag, 8 Seiten gefaltet, geheftet) + Prädruck	80,00 (Prädruck) 10,00	960,00 (Prädruck) 10,00
=	Summe Gesundheitspass	90,00	970,00

Berechnung der Personalkosten: Die durchschnittlichen Monatseinkommen der TN betragen 2.360 €, die der innerbetrieblichen Dozenten, unter Annahme des Personalkostenfaktors von 1,4 beim Physiotherapeut 1.880 €, bei den PP 2.360 €, beim Betriebsarzt 5.073,78 € und beim Drucker 2.762 € (Bispinck et al., 2012, S. 3; Marburger Bund, 2012). Die Einkommen des Physiotherapeuten und Druckers beruhen auf Annahmen.[13] Die Berechnung richtet sich nach der Arbeit mit dem Konzept (Annahmen). Der Physiotherapeut benötigt fünf Tage Vorbereitung, einen Tag gestaltet er das Seminar mit und sechs Tage das Bewegungsmodul (2 x 2 Stunden pro Woche x 12 Wochen = 48 Stunden). Dies entspricht einer Beschäftigung von 12/20 der Monatsarbeitszeit. Die PP benötigt zur Seminarvorbereitung fünf Tage, zwei Tage hält sie das Seminar. Dies entspricht einer Beschäftigung von 7/20 der Monatsarbeitszeit. Der Arzt benötigt einen Tag für alle Check-ups und berät die TN maximal neun Tage (eine Stunde pro Beratung x 12 TN x sechs Beratungen = 72 Stunden). Dies entspricht einer Beschäftigung von 10/20 der Monatsarbeitszeit. Der Drucker benötigt einen halben Tag zur Auftragsbearbeitung, was einer Beschäftigung von 0,5/20 der Monatsarbeitszeit entspricht (vgl. Ott, Scheib, 2002, S. 91 ff.). Eine Kostenkalkulation des Konzepts im Hinblick auf die Personalkosten zeigt Tabelle 5.8.

13 Das durchschnittliche Bruttojahresgehalt beträgt 23.150 € einschließlich der Sonderzuwendungen, wie z. B. anteiliges Urlaubs- und Weihnachtsgeld (Stepstone, 2015, S. 54). Da diese sehr variieren, wird hier ein Betrag von 590 € / Jahr angenommen. Es verbleibt ein Betrag von 22.560 € /Jahr, sodass sich, berechnet auf 12 Monate, ein durchschnittliches Bruttomonatsgehalt von 1.880 € ergibt.

Tabelle 5.8: Personalkosten (vgl. Ott, Scheib, 2002, S. 91 ff.)

Personalkosten			
Beschreibung		**Berechnung in EUR**	**Wert in EUR**
+	Personalkosten innerbetrieblicher Dozent (Physiotherapeut)	1.880 x 1,4 x 12/20	1.579,20
+	Personalkosten innerbetrieblicher Dozent (PP)	2.360 x 1,4 x 7/20	1.156,40
+	Personalkosten Betriebsarzt	5.073,78 x 1,4 x 10/20	3.551,65
+	Personalkosten der Druckerei	2.762 x 1,4 x 0,5/20	96,67
+	Lohnkosten der Teilnehmer	12 x 2.360 x 1,4 x 3/20 12 x 2.360 x 1,4x12/20	5.947,20 23.788,80
=	Summe Personalkosten	90,00	36.119,92

Die Gesamtinvestition für das Seminar „Gesund und fit im Schichtbetrieb" wird in Tabelle 5.9 dargestellt.

Tabelle 5.9: Gesamtinvestition Konzept

Gesamtinvestition: Gesundheits-Check-up, Seminar, Gesundheitspass			
Beschreibung		**Einzelkosten in EUR**	**Gesamtkosten in EUR für 12 PP**
+	Summe Gesundheits-Check-up	168,05	2.016,60
+	Summe Seminar gesamt	158,27	385,83
+	Gesundheitspass gesamt	90,00	970
+	Personalkosten gesamt		36.119,92
=	Summe gesamt	416,32	39.492,35

Der Nutzen kann an dieser Stelle noch nicht berechnet werden, da hierzu Daten zu den Wirkungen vorliegen müssten. Firmen sollten bei der Berechnung von Interventionen berücksichtigen, dass seit 2009 Unternehmen bei Maßnahmen der BGF bis zu einem Betrag von 500 € von der Steuer befreit werden können. Voraussetzung ist, dass diese in *„Qualität, Zweckbindung und Zielgerichtetheit den Anforderungen der §§ 20 und 20 a Abs. 1 i. V. mit § 20 Abs. 1 Satz 3 SGB V genügen"* (BMG, 2011, S. 17).

Das folgende Kapitel fasst die Ergebnisse der Arbeit zusammen, stellt den Nutzen des Seminars heraus und gibt Empfehlungen für Folgemaßnahmen.

5.7 Zusammenfassung und Erkenntnisgewinn

Das Konzept von „Gesund und fit im Schichtbetrieb“ umfasst einen Gesundheits-Check-up, ein Seminar und Gesundheitsberatungen für PP. Durch den Gesundheits-Check-up für PP im Schichtdienst, die neu in das Unternehmen eintreten, wird gleich zu Beginn eine Sensibilisierung für die Thematik Gesundheit erreicht, wodurch ein Beitrag zur Förderung einer Gesundheitskultur im Krankenhaus geleistet wird. Die Ergebnisse zeigen die persönlichen gesundheitlichen Risiken und Beschwerden der PP. Auf diese Weise wird es möglich, Gesundheitspotenziale zu erkennen und nach einer entsprechenden Beratung, zielgerichtete Maßnahmen zu ergreifen. Verschriftete Zielvereinbarungen erinnern die PP an Ziele und die Dokumentation der Fortschritte. All dies fördert die Selbstwirksamkeit und Eigenverantwortung. Die Ergebnisse des Check-ups können zur Differenzierung der Seminarthemen und Seminarinhalte beitragen. Die Ergebnisauswertung nach definierten Zeitintervallen gestattet eine Soll-Ist-Auswertung und eine nachhaltige Gesundheitsförderung. Das Seminar appelliert an das eigenverantwortliche Handeln der Beschäftigten, ihre Gesundheitskompetenzen auszubauen, indem sie ihr Wissen erweitern, Erfahrungen austauschen, Ursachen von Belastungen erkennen und persönliche Lösungsstrategien entwickeln. Die Gesundheit wird nachhaltig durch begleitende persönliche Gesundheitsberatungen gefördert. In diesen werden die PP entsprechend dem Stadium nach dem HAPA-Modell beraten und in ihrer Zielerreichung und gesunden Lebensführung unterstützt.

Das Konzept hilft den Beschäftigten, die Arbeitsanforderungen besser zu verkraften. Die Gesundheit und Leistungsfähigkeit der PP werden langfristig erhalten sowie die Arbeitszufriedenheit gefördert. Langfristig gesenkte Fehlzeiten wirken sich positiv auf die Höhe der Lohnfortzahlungen aus. Die Fluktuationsrate sinkt. All dies trägt zu einer Imageverbesserung bei, die auch Wettbewerbsvorteile beinhaltet. Das Konzept stärkt die PP in ihrem Gesundheitsbewusstsein und gibt Anregungen zur Verbesserung des Gesundheitsverhaltens.

Nachfolgend werden weitere Handlungsempfehlungen aufgeführt. Um eine Rückkehr zu ungesunden Verhaltensmustern zu vermeiden, sind die erarbeiteten Gesundheits- und Handlungskompetenzen zu festigen, sodass die Wirksamkeit von Maßnahmen der BGF langfristig erhöht wird. Zur Förderung der Nachhaltigkeit eignen sich Zusatzmodule. Primär ist ein Auffrischungsseminar, drei Monate nach Abschluss des Bewegungsmoduls, zu empfehlen. In diesem können von den TN erreichte Ziele gemeinsam reflektiert, Kenntnisse und Erfahrungen ausgetauscht, ggf. ein neuer Fortbildungsbedarf festgestellt und anschließende Maßnahmen getroffen werden. Sinnvoll ist es, ein Praxisseminar „Kochen für die Schichtarbeit" anzubieten. Im Seminar an sich wurden vorrangig theoretische Kenntnisse zur gesunden und zielgruppenspezifischen Ernährung von Schichtarbeitern vermittelt, der Praxisanteil war gering (vgl. Kapitel 5). Jetzt steht die Umsetzung der Kenntnisse in die Praxis im Mittelpunkt, bei dem auch der Partner teilnehmen kann. So können beispielsweise die Vielfalt der gesunden Küche kennengelernt bzw. die Genussfähigkeit erweitert werden. Der Fokus liegt, unter Berücksichtigung der Ernährungsbesonderheiten des Schichtdienstes, auf der Zubereitung von leicht verdaulichen Speisen, Zwischenmahlzeiten, gesund aufgewerteten Fertiggerichten, Snacks und Getränken.

Die Seminarinhalte werden reflektiert, und es wird z. B. auf Denkfehler im Hinblick auf den Zeitaufwand der Zubereitung von gesunden Mahlzeiten eingegangen. Diese Denkfehler werden geklärt und durch Praxisbeispiele und Praxisangebote (z. B. Einkaufscheck) beseitigt. Der Schichtdienst erschwert oft eine Teilnahme an BGF. Damit jede PP an einem Kochkurs teilnehmen kann, kann dieser in einer außerordentlichen Teamsitzung stattfinden. Führungskräfte üben einen großen Einfluss auf die Arbeitsbeziehungen und das soziale Klima aus. Sie können aufgrund ihrer Vorbildfunktion zur Förderung der Gesundheitskultur beitragen (vgl. Loffing, Geise, 2005, S. 59).

Ferner sollte bereits in der Ausbildung zur PP ein Seminar „Gesund und fit als Auszubildender im Schichtdienst" erfolgen, da der Erhalt und die Förderung der Gesundheit vor dem Hintergrund des demografischen Wandels als besonders wichtig einzustufen sind (vgl. Kapitel 2.2). Die Schwerpunkte sollten ähnlich wie im Seminar (vgl. Kapitel 5), gelagert sein. Generell ist es wichtig, dass gesundheitsförderliche Maßnahmen arbeitszeitnah erfolgen. Zudem sollten die Angebote die Einbindung des sozialen Umfelds der PP vorsehen (z. B. ein Check-up). Es sind die verhältnisorientierten Maßnahmen anzupassen, um die PP zu einem gesundheitsfördernden Verhalten zu motivieren, die Leistungsfähigkeit zu steigern, das Wohlbefinden zu erhöhen sowie um die Nachhaltigkeit der BGF zu steigern (vgl. Badura, Hehlmann, 2010, S. 33). Die Organisation sollte durch einen kooperativen Führungsstil geprägt sein und die Beschäftigten miteinbeziehen, im Sinne des salutogenetischen Ansatzes (vgl. Uhle, Treier, 2011, S. 15). Der Schichtplan sollte gesundheitsförderlich gestaltet sein (z. B. Vorwärtsrotation). Der Plan sollte, unter Beteiligung der PP erstellt, frühzeitig bekannt gegeben werden und verbindlich sein (ohne kurzfristige Änderungen), um eine Planungssicherheit für das Familien- und Sozialleben zu ermöglichen. Im Hinblick auf die Kantinenverpflegung sollten ernährungswissenschaftliche Kriterien für eine Optimierung sorgen. Sinnvoll ist die Vermittlung von Hilfsangeboten, beispielsweise die Möglichkeit, einen Betriebskindergarten oder einen Family Service zu nutzen (vgl. Seibt, 2006, S. 396). Von Bedeutung sind auch geregelte Pausen, das Angebot mobiler Massagen sowie ergonomisch eingerichtete Räumlichkeiten (auch im Hinblick auf die Lichtverhältnisse).

Positiv wirkt sich ein prospektives Urlaubsmanagement aus. Gerade im Schichtdienst ist es wichtig, dass spontane Kurzurlaube zum Erhalt der Gesundheit und zur Förderung der Regeneration, möglich sind. Hinsichtlich der Arbeitsgestaltung sollte Job-Enrichment (Aufgaben- bzw. Arbeitsbereicherung) ermöglicht werden. Dabei erfolgt eine Erweiterung des Tätigkeitsbereiches um anspruchsvolle und qualitativ höherwertige Aufgaben. Die Arbeit wird sinnhafter, die Motivation steigt und die Stressoren werden verringert, wenn die Arbeitsinhalte komplexer werden oder der Entscheidungsspielraum steigt. Die PP sehen in ihrer Arbeit dann mehr Sinn. Ferner ermöglicht eine Arbeitserweiterung die Ausweitung des Verantwortungsbereiches, sodass zum einen das Verantwortungsbewusstsein steigt und zum anderen Stressoren reduziert werden. Eine Jobrotation fördert unter anderem soziale Kontakte (vgl. Zapf, Ohly, 2009, S. 351). Wesentlich erscheint auch eine proaktive Karrieregestaltung, sodass in Anbetracht des demografischen Wandels die PP an das Unternehmen gebunden werden. Außerdem bietet es sich an, das vorliegende Konzept – ggf. in modifizierter Form – in anderen Kliniken als Maßnahme der BGF anzubieten, um einen finanziellen Nutzen zu generieren. Das anschließende Kapitel fasst die wesentlichen Erkenntnisse zusammen.

6 Schlussbetrachtung

Die Betriebliche Gesundheitsförderung etabliert sich zunehmend in den Unternehmen. Die Unternehmen haben erkannt, dass motivierte und leistungsfähige Mitarbeiter maßgeblich zur Verbesserung der Wirtschaftlichkeit beitragen. Es gilt, die Gesundheit und das Wohlbefinden der Mitarbeiter zu fördern und als Teil der Unternehmenspolitik zu realisieren. Besonders Risikogruppen, etwa die PP im Schichtdienst, sind gezielt anzusprechen. Diese sind besonderen Belastungen ausgesetzt. Vom demografischen Wandel sind sie zweifach betroffen, da die Anzahl der Pflegebedürftigen bei zunehmender Multimorbidität steigt und sich das Durchschnittsalter der Beschäftigten selbst erhöht. Ferner fehlt, demografisch bedingt, der qualifizierte Nachwuchs. Die damit einhergehenden Belastungen können zu Gesundheitsbeschwerden führen und diese zu Fehlzeiten und ggf. sogar zu einem Berufsausstieg. Es entstehen Belastungen durch das Arbeiten gegen die innere Uhr, die mit einer physiologischen- und sozialen Desynchronisation verbunden sind. Das individuelle Belastungsausmaß wird dabei von intervenierenden Variablen (z. B. Familie) beeinflusst oder verstärkt sich durch Belastungen, die sich aus der Arbeit und aus dem Arbeitsumfeld ergeben. Oftmals gehen mit der Schichtarbeit Schlafstörungen, Magen-Darm-Beschwerden, Herz-Kreislauf-Erkrankungen einher. Zudem können auch psychische Probleme sowie Fehlleistungen und Probleme im familiären und sozialen Umfeld auftreten.

Im Rahmen der Verhaltensprävention der BGF wurde ein aus drei Komponenten bestehendes Konzept entwickelt: Gesundheits-Check-ups, drei eintägige Seminare („Gesunder Schlaf“, „Gesunde Ernährung“, „Bewegung, Stressbewältigung und Freizeit“) sowie individuelle Gesundheitsberatungen.

Ziel ist, die Schichtarbeiter bei der Entwicklung von Strategien zur Vorbeugung bzw. Reduzierung der genannten Gesundheitsbeschwerden zu unterstützen und deren Gesundheitskompetenz und Eigenverantwortung zu stärken. Da die Schichtarbeiter sich in unterschiedlichen Stadien der Verhaltensänderung befinden werden, ist ein persönlicher Beratungsansatz sinnvoll. Daher wird als Grundlage das HAPA-Modell genutzt, ein Stadienmodell zur Verhaltenserläuterung, dass motivationale und volitionale Zielrichtungen enthält und somit zur zielgerichteten Interventionsplanung genutzt werden kann (vgl. Fleig et al, 2010, S. 69). Ein Gesundheits-Check-up ermittelt Gesundheitsprofil und Gesundheitspotenziale der Teilnehmer. Eine zielgerichtete Maßnahmenberatung kann anschließend erfolgen. Im Seminar werden, um alle TN zielgerichtet ansprechen zu können, Methoden genutzt, die die Erfahrungen der TN aufgreifen und zu neuen Erkenntnisse verhelfen. In diesem Zusammenhang sind unter anderem Vorträge, Praxisübungen und die Entwicklung detaillierter Verhaltenspläne zur Zielerreichung zu nennen. Individuelle Gesundheitsberatungen nach dem Seminar fördern die Nachhaltigkeit, indem sie die PP in ihrer Zielerreichung begleiten und langfristig im Hinblick auf eine gesunde Lebensweise unterstützen. Zusatzmodule (Auffrischungsseminar, zielgruppenspezifischer Kochkurs) tragen zur Nachhaltigkeit bei. Zu empfehlen ist ein Schichtseminar für Auszubildende in der Pflege. Diese Maßnahmen sind von verhältnispräventiven Maßnahmen zu flankieren, wobei ein mitarbeiterorientierter Führungsstil und eine gesundheitsförderliche Gestaltung der Nacht- und Schichtarbeit unter Berücksichtigung von Partizipation der PP im Mittelpunkt stehen (vgl. Spicker, Schopf, 2007, S. 44).

Zukünftig sind neben einer Bedarfsanalyse zur Beurteilung der Wirksamkeit von zielgruppenspezifischen Interventionen langfristige Längsschnittstudien notwendig. Zur Beurteilung der Folgen und gesundheitlichen Ressourcen sollten bei Studien die Anzahl der Schichten/Tage, die Schlafzeit, der Anteil der Freizeit und die Schichtjahre beachtet werden (vgl. Stevens et al., 2011, S. 154). Studien sind notwendig, um auf Basis der individuellen Belastungen der Mitarbeiter im Schichtdienst Präventionsmaßnahmen abzuleiten. Wichtig sind in diesem Zusammenhang auch die Auswirkungen auf das Privat- und Sozialleben. Es soll noch einmal darauf verwiesen werden, dass sich der Aufwand einer Maßnahme sofort, der Nutzen erst später bemerkbar macht, sodass auch hier die Evaluation der Kosteneffizienz dieser Maßnahmen zukünftig noch besser zu untersuchen ist. Insgesamt wird deutlich, dass die Implementierung von zielgruppenspezifischen Maßnahmen in das Gesamtkonzept der BGF notwendig ist – nicht nur aus ökonomischen Gründen.

Abkürzungsverzeichnis

ArbSchG	Arbeitsschutzgesetz
ASiG	Arbeitssicherheitsgesetz
ArbZG	Arbeitszeitgesetz
AZ	Arbeitszeit
BAG	Bundesarbeitsgericht
BAua	Bundesanstalt für Arbeitsschutz und Arbeitsmedizin
BetrvG	Betriebsverfassungsgesetz
BGF	Betriebliche Gesundheitsförderung
BKK	Betriebskrankenkasse
BMAS	Bundesministerium für Arbeit und Soziales
BMG	Bundesministerium für Gesundheit
BMI	Body Mass Index
BZgA	Bundeszentrale für gesundheitliche Aufklärung
DAK	Deutsche Angestellten Krankenkasse
DGAU	Deutsche Gesellschaft für Arbeits- und Umweltmedizin
DGE	Deutsche Gesellschaft für Ernährung
DGUV	Deutsche Gesetzliche Unfallversicherung
DIMDI	Deutsches Institut für Medizinische Dokumentation und Information
DNBGF	Deutsches Netzwerk für Betriebliche Gesundheitsförderung
DRGs	Diagnosis Related Groups
ENWHP	European Network for Workplace Health Promotion (Europäisches Netzwerk für betriebliche Gesundheitsförderung)
EStG	Einkommenssteuergesetz
GBE-Bund	Gesundheitsberichtserstattung des Bundes
GKV	gesetzliche Krankenversicherung

HAPA	Health Action Process Approach
Hrsg.	Herausgeber
HRV	Herzratenvariabilität
IAG	Institut für Arbeit und Gesundheit
IGA	Initiative Gesundheit und Arbeit
IARC	International Agency for Research on Cancer
JArbSchG	Jugendarbeitsschutzgesetz
MBSR	Mindfulness-based Stress Reduction
MI	Motivierende Gesprächsführung
MuSchG	Mutterschutzgesetz
NEXT	Nurses Early Exit Study
OSHA	European Agency for Safety and Health at Work
PP	Pflegepersonal
PMR	Progressive Muskelentspannung
PWC-Test	Physical Working Capacity (Stufentest auf dem Fahrradergometer)
QBB	Qualitätsgesellschaft Bildung und Beratung
ROI	Return on Investment, Kapitalrendite
SWE	Selbstwirksamkeitserwartung
SGB	Sozialgesetzbuch
TN	Teilnehmer
Tsd.	Tausend
WHO	World Health Organisation

Literatur

Altgeld, T.; Kolip, P. (2010). *Konzepte und Strategien der Gesundheitsförderung.* In: Hurrelmann, K.; Klotz, T.; Haisch, J. (Hrsg.): Lehrbuch Prävention und Gesundheitsförderung. 3. Auflage, Bern: Hans Huber Verlag, S. 45–56.

Amman, A. (2007). *Rückengerechtes Arbeiten in der Pflege. Leitfaden für gesundheitsfördernde Transfertechniken.* 3. Auflage, Hannover: Schlütersche Verlagsgesellschaft.

Ammentorp, J.; Jensen, H. I.; Uhrenfeldt, L. (2013). *Danish health professionals' experiences of being coached: a pilot study.* Journal of Continuing Education in the Health Professions, 33 (1), S. 41–47. http://onlinelibrary.wiley.com/doi/10.1002/chp.21157/abstract?systemMessage=Wiley+Online+Library+will+be+disrupted+on+7+December+from+10%3A00-15%3A00+BST+%2805%3A00-10%3A00+EDT%29+for+essential+maintenance (10.12.2013).

Angerer, P.; Petru, R. (2010). *Schichtarbeit in der modernen Industriegesellschaft und gesundheitliche Folgen.* Institut und Poliklinik für Arbeits-, Sozial und Umweltmedizin. Somnologie – Schlafforschung und Schlafmedizin, 2 (14), S. 88–97. http://aumento.klinikum.unimuenchen.de/download/inhalt/Forschung/ampa/publikationen/10_somn_ang_pet_schichtarbeit.pdf (10.12.2013).

Antonovsky, A. (1997). *Salutogenese. Zur Entmystifizierung von Gesundheit.* Deutsche Herausgabe durch Alexa Franke. Tübingen: dgvT-Verlag.

Arbeitsschutzgesetz (ArbSchG) (2013). *Gesetz über die Durchführung von Maßnahmen des Arbeitsschutzes zur Verbesserung der Sicherheit und des Gesundheitsschutzes der Beschäftigten bei der Arbeit.* Online verfügbar unter http://www.gesetze-im-internet.de/bundesrecht/arbschg/gesamt.pdf, zuletzt aktualisiert am 19.10.2013 (10.12.2013).

Arbeitssicherheitsgesetz (ASiG) (2013). *Gesetz über Betriebsärzte, Sicherheitsingenieure und andere Fachkräfte für Arbeitssicherheit vom 12. Dezember 1973.* Online verfügbar unter http://www.gesetze-im-internet.de/bundesrecht/asig/gesamt.pdf, zuletzt aktualisiert am 20.04.2013 (10.12.2013).

Arbeitszeitgesetz (ArbZG) (2013). Gesetz vom 6. Juni 1994. BGBl. I S. 1885. Online verfügbar unter http://www.gesetze-im-internet.de/bundesrecht/arbzg/gesamt.pdf, zuletzt aktualisiert am 20.04.2013 (10.12.2013).

Auinger, F. (2005). *The Spirits of Values. Leitorientierungen für Führungskräfte und Mitarbeiter.* In: Auinger, F.; Böhnisch, W.; Stummer, H. (Hrsg.): Unternehmensführung durch Werte. Konzepte – Methoden – Anwendungen. Wiesbaden: Deutscher Universitätsverlag, S. 65–89.

Badura, B.; Walter, U.; Hehlmann, T. (2010): *Betriebliche Gesundheitspolitik. Der Weg zur gesunden Organisation.* 2. Auflage, Berlin, Heidelberg: Springer Verlag.

Badura, B.; Knesebeck, O. von dem (2012). *Soziologische Grundlagen der Gesundheitswissenschaften.* In: Hurrelmann, K.; Razum, O. (Hrsg.): Handbuch Gesundheitswissenschaften. 5. Auflage, Weinheim, Basel: Beltz Juventa Verlag, S. 187–220.

Baicker, K.; Cutler, D.; Song, Z. (2010). *Workplace wellness programs can generate savings.* Health Affairs, 29 (2), S. 304–311. http://content.healthaffairs.org/content/29/2/304.full.pdf+html (10.12.2013).

Bara, A. C.; Arber, S. (2009). *Working shifts and mental health-findings from the British Household Panel Survey (1995–2005).* Scandinavian Journal of Work, Environment & Health, 35 (5), S. 361–367. http://www.ncbi.nlm.nih.gov/pubmed/?term=Working+shifts+and+mental+health-findings+from+the+British+Household+Panel+Survey+(1995-2005) (10.12.2013).

Baumanns, R. (2009). *Unternehmenserfolg durch betriebliches Gesundheitsmanagement. Nutzen für Unternehmen und Mitarbeiter. Eine Evaluation.* Stuttgart: ibidem-Verlag.

Becker, H. F.; Ficker, J.; Fietze, I.; Geisler, P. et al. (2009). *S3 – Leitlinie-Nicht erholsamer Schlaf/Schlafstörungen.* Deutsche Gesellschaft für Schlafforschung und Schlafmedizin (DGSM). Somnologie, 13 (1), S. 4–160.

Bedner, K. (2001). *Gesundheitsschutz und Gesundheitsförderung in Betrieben.* München: Hampp Verlag.

Beermann, B. (2008). *Nacht- und Schichtarbeit – ein Problem der Vergangenheit?.* Bundesanstalt für Arbeitsschutz und Arbeitsmedizin (BAuA). http://d-nb.info/992446481/34 (10.12.2013).

Beermann, B. (2010). *Nacht- und Schichtarbeit.* In: Badura, B.; Schröder, H.; Klose, J.; Macco, K. (Hrsg.): Fehlzeiten-Report 2009. Arbeit und Psyche: Belastungen reduzieren – Wohlbefinden fördern. Heidelberg: Springer Verlag, S. 71–82.

Besser, R. (2004). *Transfer. Damit Seminare Früchte tragen. Strategien, Übungen, Methoden, die eine konkrete Umsetzung in die Praxis sichern.* 3. Auflage, Weinheim, Basel: Beltz Verlag.

Betriebsverfassungsgesetz (BetrVG) (2013). Gesetz vom 25. September 2001 (BGBl. I S. 2518). Online verfügbar unter http://www.gesetze-im-internet.de/bundesrecht/betrvg/gesamt.pdf, zuletzt aktualisiert am 20.04.2013 (10.12.2013).

Bienstein, C.; Mayer, H. (2014). *Nachts im Krankenhaus.* In: Die Schwester Der Pfleger, 53 (5), S. 428–433. http://www.uni-wh.de/uploads/media/Bienstein_Nachts_im_Krankenhaus.pdf (10.05.2015).

Bispinck, R; Dribbusch, H.; Öz, F.; Stoll, E. (2012). *Einkommens- und Arbeitsbedingungen in Pflegeberufen. Eine Analyse auf Basis der WSI-Lohnspiegel-Datenbank.* Arbeitspapier 07/2012. Düsseldorf: Hans-Böckler-Stiftung. http://www.boeckler.de/pdf/ta_lohnspiegel_pflegeberufe_2012.pdf (10.12.2013).

BMG – Bundesministerium für Gesundheit (Hrsg.) (2011). *Unternehmen unternehmen Gesundheit. Betriebliche Gesundheitsförderung im Fokus der kleinen und mittleren Unternehmen.* http://www.bmg.bund.de/fileadmin/dateien/Publikationen/Praevention/Broschueren/Broschuere_Unternehmen_unternehmen_Gesundheit_-_Betriebliche_Gesundheitsfoerderung_in_kleinen_und_mittleren_Unternehmen.pdf (10.12.2013).

BMG – Bundesministerium für Gesundheit (Hrsg.) (2013a). *Gesetzliche Krankenversicherung. Krankenstand. 1970 bis 2011 und Januar bis Dezember 2012. (mit vorläufigem Jahresdurchschnitt 2012)* (Ergebnisse der GKV-Statistik KM1). http://www.bmg.bund.de/fileadmin/dateien/Downloads/Statistiken/GKV/Mitglieder_Versicherte/KM1_Krankenstand__Dez12.pdf (10.12.2013).

BMG – Bundesministerium für Gesundheit (Hrsg.) (2013b). *Leistungen. Früherkennung & Vorsorge.* http://www.bmg.bund.de/krankenversicherung/leistungen/frueherkennung-vorsorgeleistungen.html (10.12.2013).

Bonitz, D.; Eberle, G.; Lück, P. (2007). *Wirtschaftlicher Nutzen von betrieblicher Gesundheitsförderung aus Sicht von Unternehmen. Dokumentation einer Befragung in 212 Partnerunternehmen.* Bonn: AOK Bundesverband. https://www.aok-bgf.de/fileadmin/bgfonline/downloads/pdf/Das%20macht%20sich%20bezahlt_Bericht_2007.pdf (10.12.2013).

Borkel, A; Rimbach, A.; Wolters, J. (2011). *iga Report 15–Gesund älter werden und arbeitsfähig bleiben? – Empfehlungen aus der Erwachsenenbildung für die betriebliche Gesundheitsförderung durch Bewegungs- und Stressbewältigungsmaßnahmen.* Institut für Arbeit und Gesundheit. AOK-Bundesverband. BKK Bundesverband. Verband der Ersatzkassen. http://www.iga-info.de/fileadmin/Veroeffentlichungen/iga-Reporte_Projektberichte/iga_report_15_2011.pdf (10.12.2013).

Brehmer, M. (2003). *Kostbare Zeiten. Arbeitszeiten im Krankenhaus.* Frankfurt am Main: Fachhochschulverlag.

Brill, P. A.; Macera, C. A.; Davis, D. R.; Blair, S. N. et al. (2000). *Muscular strength and physical function.* Medicine and Science in Sports and Exercise, 32 (2), S. 412–416. http://www.ncbi.nlm.nih.gov/pubmed/10694125 (10.12.2013).

Bruch, H.; Kunze, F.; Böhm, S. (2010). *Generationen erfolgreich führen – Konzepte und Praxiserfahrungen zum Management des demographischen Wandels.* Wiesbaden: Gabler/GWV Fachverlage.

Brüning, T.; Harth, V.; Pallapies, D.; Welge, P. (2011). *Neue Studien. Schichtarbeit und Krebs?.* DGUV Forum. Fachzeitschrift für Prävention, Rehabilitation und Entschädigung, 3 (4), S. 14–15.

Buchberger, B.; Heymann, R; Huppertz, H.; Friepörtner, K. et al. (2011). *Effektivität von Maßnahmen der betrieblichen Gesundheitsförderung (BGF) zum Erhalt der Arbeitsfähigkeit von Pflegepersonal.* 1. Auflage, Köln: Deutsches Institut für Medizinische Dokumentation und Information. Schriftenreihe Health Technology Assessment, Bd. 114. http://portal.dimdi.de/de/hta/hta_berichte/hta299_bericht_de.pdf (10.12.2013).

Buja, A.; Zampieron, A.; Mastrangelo, G.; Pettean, M. et al. (2013). *Strain and health implications of nurses' shift work.* International Journal Occupational Medicine Environ Health, 26 (4), S. 511–52. http://link.springer.com/article/10.2478%2Fs13382-013-0122-2 (10.12.2013).

Cappuccio, F. P.; D'Elia, L.; Strazzullo, P.; Miller, M. A. (2010). *Quantity and quality of sleep and incidence of type 2 diabetes: a systematic review and meta-analysis.* Diabetes Care, 33 (2), S. 414–420. http://www.ncbi.nlm.nih.gov/pmc/articles/PMC2809295/pdf/zdc414.pdf (10.12.2013).

Carlson, L. E.; Speca, M.; Patel, K. D.; Goodey, E. (2003). *Mindfulness-Based Stress Reduction in Relation to Quality of Life, Mood, Symptoms of Stress, and Immune Parameters in Breast and Prostate Cancer Outpatients.* Psychosomatic Medicine, 65 (4), S. 571–581. http://www.eiduat.com/docs/mbsr_krebs.pdf (10.12.2013).

Chien, P. L.; Su, H. F.; Hsieh, P. C.; Siao, R. Y. et al. (2013). *Sleep Quality among Female Hospital Staff Nurses.* Sleep Disorders., S. 1–6. http://www.ncbi.nlm.nih.gov/pmc/articles/PMC3666224/pdf/SD2013-283490.pdf (10.12.2013).

Chiu, H. Y; Tsai, P. S. (2013). *The impact of various work schedules on sleep complaints and minor accidents during work or leisure time: Evidence from a national survey.* Journal of Occupational and Environ Medicine, 55 (3), S. 325–330. http://www.ncbi.nlm.nih.gov/pubmed/23439272 (10.12.2013).

Cho, S.-W.; Kang, J.-Y.; Park, Y.-K; Paek, Y.-M. et al. (2009). *A 12-week worksite health promotion program reduces cardiovascular risk factors in male workers with the apolipoprotein E2 and apolipoprotein E3 genotypes, but not in apolipoprotein E4 genotype.* Nutrition Research, 29 (8), S. 542–550. http://www.ncbi.nlm.nih.gov/pubmed/19761888 (10.12.2013).

Cicolini, G.; Simonetti, V.; Comparcini, D.; Celiberti, I. et al. (2013). *Efficacy of a nurse-led email reminder program for cardiovascular prevention risk reduction in hypertensive patients: A randomized controlled trial.* International Journal of Nursing Studies, 10 (25), S. 833–843.

Commer, A. (2009). *Mehr Therapieerfolg durch Motivierende Gesprächsführung. Gelungene Kommunikation im logopädischen Kontext.* Forum Logopädie, 5 (23), S. 18–21. http://www.gk-quest.de/download/pdf/fs_artikel_gelungene_kommunikation-092009.pdf (10.12.2013).

Costa, G. (1996). *The impact of shift and night work on health.* Applied Ergonomics, 27 (1), S. 9–16. http://www.ncbi.nlm.nih.gov/pubmed/15676307 (10.12.2013).

Costa, G. (2003). *Shift work and occupational medicine: An overview.* Occupational Medicine, 53 (2), S. 83–88. http://occmed.oxfordjournals.org/content/53/2/83.long (10.12.2013).

Costa, G. (2010). *Shift Work and Health: Current Problems and Preventive Actions.* Safety and Health at work, 1 (2), S. 112–123. http://www.ncbi.nlm.nih.gov/pmc/articles/PMC3430894/pdf/shaw-1-112.pdf (10.12.2013).

Dayapoğlu, N.; Tan, M. (2012). *Evaluation of the Effect of Progressive Relaxation Exercises on Fatigue and Sleep Quality in Patients with Multiple Sclerosis.* The Journal of Alternative and complementary Medicine, 18 (10), S. 983–987. http://www.ncbi.nlm.nih.gov/pmc/articles/PMC3469207/pdf/acm.2011.0390.pdf (10.12.2013).

de Cordova, P. B.; Phibbs, C. S.; Bartel, A. P.; Stone P. W. (2012). *Twenty-four/seven: a mixed-method systematic review of the off-shift literature.* Journal of Advanced Nursing, 68 (7), S. 1454–1468. http://www.ncbi.nlm.nih.gov/pubmed/?term=Twenty-four%2Fseven%3A+a+mixed-method+systematic+review+of+the+off-shift+literature (10.05.2015).

Deller J.; Kern, S.; Hausmann, E.; Diederichs, Y. (2008). *Personalmanagement im demografischen Wandel. Ein Handbuch für den Veränderungsprozess.* Heidelberg: Springer Verlag.

Deutsche Diabetes-Stiftung (2012). *Das Zucker-Quiz.* http://diabetesstiftung.de/broschueren.html (10.12.2013).

DGE – Deutsche Gesellschaft für Ernährung (2000). *Ernährung bei Schichtarbeit.* In: DG-Info Beratungspraxis 11/2000. http://dge.de/modules.php?name=News&file=article&sid=263 (10.12.2013).

DGE – Deutsche Gesellschaft für Ernährung. (2005). *Die Dreidimensionale Lebensmittelpyramide.* DGE-special. http://www.dge.de/modules.php?name=News&file=article&sid=481 (10.12.2013).

Deutsche Gesellschaft für Schlafforschung und Schlafmedizin (2007). *Fachinformationen: Fragebögen. Epworth-Schläfrigkeitsskala.* http://www.charite.de/dgsm/dgsm/fachinformationen_frageboegen_epworth.php?language=german (10.12.2013).

DNBGF – Deutsches Netzwerk für Betriebliche Gesundheitsförderung (o. J.). *Was ist BGF?* http://www.dnbgf.de/bgf-themen/was-ist-bgf.html (10.12.2013).

Dohm, S.; Gerstner, A.; Schambortski, H. (2008a). *Grundlagen betrieblicher Gesundheitsförderung.* In: Schambortski, H. (Hrsg.): Mitarbeiterschutz und Arbeitsschutz. Gesundheitsförderung als Führungsaufgabe. München, Jena: Urban und Fischer Verlag, S. 19–43.

Dohm, S.; Gerstner, A.; Schambortski, H.; Wilhelm, M. (2008b). *Gefährdungen und Belastungen für Beschäftigte im Pflegedienst.* In: Schambortski, H. (Hrsg.): Mitarbeitergesundheit und Arbeitsschutz. Gesundheitsförderung als Führungsaufgabe. München, Jena: Urban und Fischer Verlag, S. 45–161.

Drizhal, B.; Kamraner, B.; Liftinger, G.; Steindl, I. (2008). *Informationsbroschüre für Betriebsrätinnen und Betriebsräte. Schichtarbeit – Auswirkungen auf Gesundheit und soziales Umfeld.* 2. Auflage. Wien: Verlag des Österreichischen Gewerkschaftsbund GmbH.

Dunn, A.; Trivedi, M.; O'Neal, H. (2001). *Physical activity dose-response effects on outcomes of depression and anxiety.* Medicine and Science in Sports and Exercise, 33 (6), S. 587–597. http://www.ncbi.nlm.nih.gov/ubmed/?term=Physical+activity+dose%E2%80%93 response+effects+on+outcomes+of+depression+and+anxiety (10.12.2013).

Eldevik, M. F.; Flo, E.; Moen, B. E.; Pallesen, S.et al. (2013). *Insomnia, Excessive Sleepiness, Excessive Fatigue, Anxiety, Depression and Shift Work Disorder in Nurses Having Less than 11 Hours in-Between Shifts.* PLOS one, 8 (8), S. 1–9. http://www.ncbi.nlm.nih.gov/pmc/articles/PMC3744484/pdf/pone.0070882.pdf (10.12.2013).

ENWHP – Europäisches Netzwerk für Betriebliche Gesundheitsförderung (1997). *Luxemburger Deklaration zur betrieblichen Gesundheitsförderung in der Europäischen Union.* Fassung von November 2007.

Faryn-Wewel, M.; Schulz, H-G.; Matschey, I. (o. J.). *Gesundheitscoaching in der Arbeitswelt.* In: BKK Bundesverband (Hrsg.): Statistik und Analyse. BKK Gesundheitsreport 2012. Gesundheit fördern – Krankheit versorgen – mit Krankheit leben. Essen: BKK Bundesverband. BQS Institut für Qualität & Patientensicherheit. S. 71–75. http://www.bkk.de/fileadmin/user_upload/PDF/Arbeitgeber/gesundheitsreport/Gesundheitsreport_2012/Gesundheitsreport_2012.pdf (10.12.2013).

Fleig, L.; Lippke, S.; Wiedemann, A. U.; Ziegelmann, J. P. (2010). *Förderung von körperlicher Aktivität im betrieblichen Kontext: Ein randomisiertes Kontrollgruppen-Design zur Untersuchung von stadienspezifischen Interventionseffekten.* Zeitschrift für Gesundheitspsychologie, 18 (2), S. 69–78. http://kops.ub.uni-konstanz.de/bitstream/handle/urn:nbn:de:bsz:352-144835/Fleig_F%C3%B6rderung%20k%C3%B6rperlicher%20Aktivit%C3%A4t.pdf?sequence=3 (10.12.2013).

Folkard, S. (1996). *Effects on performance efficiency.* In: Colquhoun, W. P.; Costa, G.; Folkard, S.; Knauth, P. (1996.). *Shiftwork. Problems and Solutions. Arbeitswissenschaft in der betrieblichen Praxis.* Band 7. Frankfurt am Main, Berlin, Bern, New York, Paris, Wien: Peter Lang Verlag. S. 65–87.

Folkard, S.; Tucker P. (2003). *Shift work, safety and productivity rest breaks and accident risk.* Occupational Medicine, 53 (2), S. 95–101. http://occmed.oxfordjournals.org/content/53/2/95.long (10.12.2013).

Franzkowiak, P.; Kaba-Schönstein, L.; Lehmann, M.; Sabo, P. (2003). *Leitbegriffe der Gesundheitsbegriffe.* In: Bundeszentrale für gesundheitliche Aufklärung (BZgA) (Hrsg.): Reihe „Blickpunkt Gesundheit". 6. Glossar zu Konzepten, Strategien und Methoden in der Gesundheitsförderung. 4. Auflage, Schwalbenheim an der Setz: Fachverlag Peter Sabo.

Freiling, T. (2010). *Demografischer Wandel als Herausforderung für die Pflegewirtschaft.* In: Forschungsinstitut Betriebliche Bildung (Hrsg.): Zukunftsfähig im demografischen Wandel. Band 59. Bielefeld: Bertelsmann Verlag, S. 9–26.

Friczewski, F. (2012). *Partizipation im Betrieb: Gesundheitszirkel & Co.* In: Faller, G. (Hrsg.): Lehrbuch. Betriebliche Gesundheitsförderung. 2. Auflage. Bern: Hans Huber Verlag, S. 165–172.

Friedel, H.; Friedrichs, M.; Rötter, C.; Bödeker, W. (2005). *Ein Projekt zur Kostenabschätzung von arbeitsbedingter Frühinvalidität.* In: Die BKK Zeitschrift der betrieblichen Krankenversicherung, 93 (7), S. 326–331.

Frost, P.; Kolstad, H. A.; Bonde, J. P. (2009). *Shift work and the risk of ischemic heart disease-a systematic review of the epidemiologic evidence.* Scandinavian Journal of Work Environ Health, 35 (3), S. 163–179. http://www.sjweh.fi/show_abstract.php?abstract_id=1319 (10.12.2013).

Fullick, S.; Grindey, C.; Edwards, B.; Morris, C. et al. (2009). *Relationships between leisure-time energy expenditure and individual coping strategies for shift-work.* Ergonomics, 52 (4), S. 448–455. http://www.ncbi.nlm.nih.gov/pmc/articles/PMC2784230/pdf/ukmss-28106.pdf (10.12.2013).

Gebührenordnung für Ärzte (2011). *Grundleistungen.* www.e-bis.de/goae (06.12.2013).

Gerstner, A.; Schambortski, H.; Wilhelm, M. (2008). *Instrumente des Arbeits- und Gesundheitsschutzes.* In: Schambortski, H. (Hrsg.): Mitarbeitergesundheit und Arbeitsschutz. Gesundheitsförderung als Führungsaufgabe. München: Urban und Fischer Verlag, S. 185–208.

Gesundheitsberichterstattung des Bundes (2013). *Beschäftigte im Gesundheitswesen in 1.000. Gliederungsmerkmale: Jahre, Deutschland, Alter, Geschlecht, Art der Beschäftigung, Art der Einrichtung.* http://www.gbe-bund.de/oowa921-install/servlet/oowa/aw92/WS0100/_XWD_PROC?_XWD_310/1/XWD_CUBE.DRILL/_XWD_338/D.734/4511 (10.12.2013).

Ghalichi, L.; Pournik, O.; Ghaffari, M.; Vingard, E. (2013). *Sleep quality among health care workers.* Archives of Iranian Medicine, 16 (2), S. 100–103. http://www.ams.ac.ir/AIM/NEWPUB/13/16/2/0010.pdf (03.12.2013).

Gieseke, O. (2005). *Betriebliche Gesundheitsförderung in Klein- und Mittelbetrieben. Ein Modellprojekt der AOK Bayern.* In: Meggeneder, O.; Pelster, K.; Sochert, R. (Hrsg.): Betriebliche Gesundheitsförderung in kleinen und mittleren Unternehmen. Bern: Hans Huber Verlag, S. 51–60.

GKV-Spitzenverband (2010). *Leitfaden Prävention. Handlungsfelder und Kriterien des GKV-Spitzenverbandes zur Umsetzung von §§ 20 und 20a SGB V vom 21. Juni 2000 in der Fassung vom 27. August 2010.* AOK-Bundesverband, Berlin BKK Bundesverband, Essen IKK e. V., Berlin Spitzenverband der landwirtschaftlichen Sozialversicherung, Kassel Knappschaft, Bochum Verband der Ersatzkassen e. V., Berlin: http://www.bmg.bund.de/fileadmin/redaktion/pdf_broschueren/praevention_leitfaden_2010.pdf (10.12.2013).

Glaser, J.; Höge, T. (2005). *Probleme und Lösungen in der Pflege aus Sicht der Arbeits- und Gesundheitswissenschaften.* Bundesanstalt für Arbeitsschutz und Arbeitsmedizin. http://www.baua.de/de/Publikationen/Fachbeitraege/Gd18.pdf?__blob=publicationFile (03.12.2013).

Gollner, E. (2012). *Speed Hiking: Die sportliche Form des Wanderns. Training, Ausrüstung. Tourenvorbereitung.* Aachen: Meyer und Meyer Verlag.

Grabbe, Y.; Nolting, H.-D.; Loos, S. (2005). *DAK-BGW Gesundheitsreport 2005. Stationäre Krankenpflege. Arbeitsbedingungen und Gesundheit von Pflegenden in Einrichtungen der stationären Krankenpflege in Deutschland vor dem Hintergrund eines sich wandelnden Gesundheitssystems.* In: Berufsgenossenschaft für Gesundheitsdienst und Wohlfahrtspflege; DAK-Zentrale (Hrsg.). http://www.mh-hannover.de/fileadmin/organisation/gesundheitsfoerderung/downloads/BGW-DAK__Gesundheitsreport__2005_property_pdfDownload.pdf (04.12.2013).

Griefahn, B. (2011). *Schichtarbeit. Morgen- und Abendtypen.* In: DGUV (Hrsg.): DGUV Forum. Schichtarbeit und Gesundheit – eine Bestandsaufnahme. Forum Fachzeitschrift für Prävention, Rehabilitation und Entschädigung, 11 (4), S. 16–18. http://www.dguv-forum.de/files/594/11-36-022_DGUV_Forum_4-2011.pdf (10.12.2013).

Haines, V. Y.; Marchand, A.; Rousseau, V.; Demers, A. (2008). *The mediating role of work to family conflict in the relationship between shiftwork and depression.* Work & Stress, 22 (4), S. 341–356.

Hajak, G.; Zulley, J. (2008). *Schlafstörungen bei Schichtarbeit – Wenn die Arbeit mit der inneren Uhr kollidiert.* Psychoneuro, 34 (2), S. 70–77.

Hardman, A. E.; Stensel, D. J. (2009). *Physical activity and health: the evidence explained.* London: Routledge.

Harth, V.; Pallapies, D.; Pesch, B.; Johnen, G. et al. (2009). *Aus der Forschung. Gesundheitliche Risiken durch Schichtarbeit? Eine Übersicht der aktuellen Literatur.* IPA-Journal 03/2009.

Hasselhorn, H. M.; Müller, B. H.; Tackenberg, P.; Kümmerling, A. et al. (2005). *Berufsausstieg bei Pflegepersonal. Arbeitsbedingungen und beabsichtigter Berufsausstieg bei Pflegepersonal in Deutschland und Europa.* In: Bundesanstalt für Arbeitsschutz und Arbeitsmedizin (Hrsg.): Schriftreihe Ü 15. http://www.baua.de/cae/servlet/contentblob/699560/publicationFile/ (10.12.2013).

Hatzelmann, E.; Held, M. (2010). *Vom Zeitmanagement zur Zeitkompetenz. Das Übungsbuch für Berater, Trainer, Lehrer und alle, die ihre Zeitqualität erhöhen möchten.* Weinheim, Basel: Beltz Verlag.

Hellert, U. (2011). *Nacht- und Schichtarbeit modern gestalten mit Empfehlungen für die Ernährung bei Nacht- und Schichtarbeit von Wolfgang Sichert-Hellert.* 2. Auflage. Berlin: LIT Verlag.

Höppner, H. (2004). *Gesundheitsförderung von Krankenschwestern. Ansätze für eine frauengerechte betriebliche Praxis im Krankenhaus.* Frankfurt am Main: Mabuse-Verlag.

Hofmann, E. (2012). *Progressive Muskelentspannung. Ein Trainingsprogramm.* 3. Auflage. Göttingen, Bern, Wien, Paris, Oxford, Prag, Toronto, Cambridge, Amsterdam, Kopenhagen. Stockholm: Hogrefe-Verlag.

Hoos-Leistner, H.; Balk, M. (2008). *Gesprächsführung für Physiotherapeuten. Theorie – Techniken – Fallbeispiele.* Stuttgart: Thieme Verlag.

IGES-Institut (2013). *Gesundheitsreport 2013. Analyse der Arbeitsunfähigkeitsdaten. Update psychische Erkrankungen – Sind wir heute anders krank?* In: DAK-Gesundheit (Hrsg.). http://www.dak.de/dak/download/Gesundheitsreport_2013-1146388.pdf (10.12.2013).

Iles, R.; Taylor, N. F.; Davidson, M.; O'Halloran, P. (2011). *Telephone coaching can increase activity levels for people with non-chronic low back pain: a randomised trial.* Journal of Physiotherapy, 57 (4), S. 231–238. http://www.ncbi.nlm.nih.gov/pubmed/?term=).+Telephone+coaching+can+increase+activity+levels+for+people+with+non-chronic+low+back+pain%3A+a+randomised+trial (10.12.2013).

Isa, M. R.; Moy, F. M.; Abdul Razack, A. H. A.; Zainuddin, Z. M. et al. (2013). *Impact of Applied Progressive Deep Muscle Relaxation Training on the Level of Depression, Anxiety and Stress among Prostate Cancer Patients: A Quasi-Experimental Study.* Asian Pacific Journal of Cancer Prevention, 14 (4), S. 2237–2242. http://www.apocpcontrol.org/page/apjcp_issues_view.php?sid=Entrez:PubMed&id=pmid:23725119&key=2013.14.4.2237 (10.12.2013).

Johns, M. W. (1991). *A new method for measuring daytime sleepiness: the Epworth sleepiness scale.* Sleep, 14 (6), S. 540–545. http://epworthsleepinessscale.com/wp-content/uploads/2008/12/a-new-method-for-measuring-daytime-sleepiness-the-epworth-sleepiness-scale2.pdf (10.12.2013).

Johnson, A. L.; Jung, L.; Song, Y.; Brown, K. C. et al. (2014). *Sleep Deprivation and Error in Nurses who Work the Night Shift.* Journal of Nursing Administration, 44 (1), S. 17–22. http://www.ncbi.nlm.nih.gov/pubmed/?term=Sleep+Deprivation+and+Error+in+Nurses+who+Work+the+Night+Shift (10.05.2015).

Juda, M.; Vetter, C.; Roenneberg, T. (2013). *Chronotype modulates sleep duration, sleep quality, and social jet lag in shift-workers.* Journal of Biological Rhythms, 28 (2), S. 141–151.

Just, M. (2000). *Ganzheitliche Körperschule für Pflegepersonen. Korrekte Arbeitshaltung gezielter Ausgleich bei Belastung.* Hannover: Schlütersche Verlagsgesellschaft.

Kabat-Zinn, J. (2003). *Mindfulness-based interventions in context: past, present, and future.* Clinical Psychology: Science & Practice, 10 (2), S. 144–156. http://www-psych.stanford.edu/~pgoldin/Buddhism/MBSR2003_Kabat-Zinn.pdf (10.12.2013)

Kaluza, G. (2011). *Stressbewältigung. Trainingsmanual zur psychologischen Gesundheitsförderung.* 2. Auflage. Berlin, Heidelberg: Springer Verlag.

Kim, H. I.; Jung Choi, S.-A.; Kim, S.-E.; Jung, H.-K. (2013). *Impact of shiftwork on irritable bowel syndrome and functional dyspepsia.* Journal Korean Medicical Science, Gastroenterology & Hepatology, 28 (3), S. 431–437. http://www.ncbi.nlm.nih.gov/pmc/articles/PMC3594608/pdf/jkms-28-431.pdf (10.12.2013).

Klein, Z. M. (2010). *Kreative Seminarmethoden: 100 kreative Methoden für erfolgreiche Seminare.* Offenbach: Gabal Verlag.

Knutsson, A.; Boggild, H. (2010). *Gastrointestinal disorders among shift workers.* Scandinavian Journal of Work Environ Health, 36 (2), S. 85–95. http://www.ncbi.nlm.nih.gov/pubmed/20101379 (10.12.2013).

Kollig, M. (2006). *Gesundheitsgerechte Gestaltung der Schichtarbeit.* Bundesgesundheitsblatt, 1, S. 13–22. http://www.ergonassist.de/Publikationen/GesundheitsgerechteGestaltungSchichtdienstBArbBl012006%5B1%5D.pdf (10.12.2013).

Kooperation Alumniportal Deutschland (o. J.). *Capoeira, Zumba, Parkours – Neue Trendsportarten erobern Deutschland.* http://www.alumniportal-deutschland.org/deutschland/sport/artikel/trendsport.html (10.12.2013).

Korczak, D.; Klotzhuber, S.; Tempel, J. et al. (2002). *Ernährungszustand von Nachtschichtarbeitern.* Schriftenreihe der Bundesanstalt für Arbeitsschutz und Arbeitsmedizin. Sonderschrift. Dortmund, Berlin: Wirtschaftsverlag NW, S. 8.

Korompeli, A.; Chara, T.; Chrysoula, L.; Sourtzi, P. (2013). *Sleep disturbance in nursing personnel working shifts.* Nursing Forum, 48 (1), S. 45–53. http://onlinelibrary.wiley.com/doi/10.1111/nuf.12005/pdf (10.12.2013).

Kramer, I.; Bödeker, W. (2008). *Return on Investment im Kontext der betrieblichen Gesundheitsförderung und Prävention.* In: BKK Bundesverband, BGAG, AOK-Bundesverband, Arbeiter-Ersatzkassen-Verband (Hrsg.): IGA-Report 16. http://www.iga-info.de/fileadmin/Veroeffentlichungen/iga-Reporte_Projektberichte/iga-Report_16_Analyse_ROI-Kalkulatoren.pdf (10.12.2013).

Krampen, G. (2013). *Entspannungsverfahren in Therapie und Prävention.* 3. Auflage. Göttingen, Bern, Wien, Paris, Oxford, Prag, Toronto, Boston, Amsterdam. Kopenhagen, Stockholm, Florenz, Helsinki: Hogrefe Verlag.

Kreis, J.; Bödeker, W. (2003). *Gesundheitlicher und ökonomischer Nutzen betrieblicher Gesundheitsförderung und Prävention. Zusammenstellung der wissenschaftlichen Evidenz.* In: BKK Bundesverband (Hrsg.): IGA Report 3, Initiative Gesundheit & Arbeit. http://www.iga-info.de/fileadmin/Veroeffentlichungen/iga-Reporte_Projektberichte/iga-Report_3_Nutzen_Praevention_Gesundheitsfoerderung_Betrieb_Evidenz.pdf (10.12.2012).

Kuhn, J. (2012). *Daten und ihre Vermittlung: Anforderung an die Betriebliche Gesundheitsberichterstattung.* In: Faller, G. (Hrsg.): Lehrbuch. Betriebliche Gesundheitsförderung. 2. Auflage. Bern: Hans Huber Verlag, S. 150–156.

Kuhnert, M. (2001). *Gelenkschule – sanfte Bewegung schützt.* VHS Handbuch. Stuttgart: Ernst Klett Verlag.

Lemon, S. C.; Zapka, J.; Li,W.; Estabrook, B. et al. (2010). *Step ahead-A worksite obesity prevention trial among hospital employees.* American Journal of Preventive Medicine, 38 (1), S. 27–38. http://www.ncbi.nlm.nih.gov/pmc/articles/PMC2818976/ (10.12.2013).

Lippke, S.; Renneberg, B. (2006). *Theorien und Modelle des Gesundheitsverhaltens.* In: Renneberg, B.; Hammelstein, P. (Hrsg.): Gesundheitspsychologie. Heidelberg: Springer Medizin Verlag, S. 35–60.

Lippke, S.; Ziegelmann, J. P.; Schwarzer, R. (2005). *Stage-specific adoption and maintenance of physical activity: testing a three-stage model.* Psychology of Sport and Exercise, 6 (5), S. 585–603. http://www.sciencedirect.com/science/article/pii/S1469029204000792 (10.12.2013).

Löllgen, D.; Mück-Weymann, M.; Beise, R.D. (2009). *Herzratenvariabilitäts-Biofeedback in der betrieblichen Gesundheitsförderung – Eine Pilotstudie.* Neuhausen: Forum Stressmedizin. Band 1, S. 1–11. http://www.stresspilot.biz/download/HRV-Biofeedback_im_BGM_Loellgen_forumstressmedizin_09.pdf (10.12.2013).

Loffing, C.; Geise, S. (2005). *Personalentwicklung in der Pflege.* Bern: Hans Huber Verlag.

Lombardi, D. A.; Folkard, S.; Willets, J. L.; Smith, G. S. (2010). *Daily Sleep, weekly working hours, and risk of work-realated injury: US National Health Interview Survey (2004–2008).* Chronobiology international, 27 (5), S. 1013–1030. http://informahealthcare.com/doi/abs/10.3109/07420528.2010.489466. (10.12.2013).

Lück, P.; Eberle, G.; Bonitz, D. (2009). *Der Nutzen des betrieblichen Gesundheitsmanagements aus der Sicht von Unternehmen.* In: Badura, H.; Schröder, H.; Vetter, C. (Hrsg.): Fehlzeiten-Report 2008: Betriebliches Gesundheitsmanagement. Kosten und Nutzen. Zahlen, Daten, Analysen aus allen Branchen der Wirtschaft. Heidelberg: Springer Verlag, S. 77–84.

Marburger Bund (2012*). Tarifpolitik. Öffentlicher Gesundheitsdienst. Jetzt die nächsten Schritte .... Gehalt.* Zeitung für Ärztinnen und Ärzte im Krankenhaus und im Gesundheitswesen, 5(12), S. 1–16. (10.12.2013).

Marschall, V. (2013). *Gegen die innere Uhr. IPA führt Studie mit Krankenpflegerinnen zur Schichtarbeit durch.* Bochum: IPA-Journal, 13 (1), S. 35–37. http://www.ipa.ruhr-uni-bochum.de/pdf/IPA-Journal_1301_Praxis.pdf (10.12.2013).

Meissner, M.; Stockfisch, C. (2011). *Familienbewusste Schichtarbeit. Projekt „Vereinbarkeit von Familie und Beruf gestalten!“.* DGB Bundesvorstand (Hrsg.).

Mentzel, W. (2008). *Moderation: Die besten Techniken für die Teamarbeit.* München: Beck Verlag.

Monk, T. H.; Folkard, S.; Wedderburn, A. I. (1996): *Maintaining safety and high performance on shiftwork.* Applied Ergonomics, 27 (1), S. 17–23.

Morone, N. E.; Lynch, C. S.; Greco, C. M.et al. (2008). *"I felt like a new person." The effects of mindfulness meditation on older adults with chronic pain: qualitative narrative analysis of diary entries.* National Institutes of Health Public Access. Journal of Pain, 9 (9), S. 841–848. http://www.eiduat.com/docs/schmerz.pdf (10.12.2013).

Mustard, C.; Chambers, A.; Mc Leod, C.et al. (2012). *Work injury risk by time of day in two population-based data sources.* Occupational Environ Medicine, 70 (1), S. 49–56. http://www.ncbi.nlm.nih.gov/pmc/articles/PMC3534259/pdf/oemed-2012-100920.pdf (10.12.2013).

Nagel, C. (2013). *Herzrhythmusvariabilität (HRV) und Herzkohärenz.* http://www.stresspilot.biz/newsdesk_info.php/newsPath/13/newsdesk_id/28 (10.12.2013).

Naidoo, J.; Wills, J. (2010). *Lehrbuch der Gesundheitsförderung.* Überarbeitete, aktualisierte und durch Beiträge zum Entwicklungsstand in Deutschland erweiterte Neuauflage. Köln: Bundeszentrale für gesundheitliche Aufklärung (BZgA).

Nienhaus, A.; Westermann, C.; Kuhnert, S. (2012). *Burnout intervention studies for inpatient elderly care nursing staff: Systematic literature review.* International Journal of Nursing Studies, 51(1) S.63–71. http://www.journalofnursingstudies.com/article/S0020-7489(12)00429-4/abstract (10.12.2013).

Nojkov, B.; Rubenstein, J.H.; Chey, W. D.; Hoogerwerf, W. A. (2010). *The impact of rotating shift work on the prevalence of irritable bowel syndrome in nurses.* The American Journal of Gastroenterology, 105 (4), S. 842–847. http://www.ncbi.nlm.nih.gov/pmc/articles/PMC2887235/pdf/nihms217994.pdf (10.12.2013).

Ostwald, D. A.; Ehrhard, T.; Bruntsch, F. et al. (2010). *Fachkräftemangel. Stationärer und ambulanter Bereich bis zum Jahr 2030.* Frankfurt am Main: PricewaterhouseCoopers AG. Wirtschaftsprüfungsgesellschaft (Hrsg.).

Ott, B.; Scheib, T. (2002). *Qualitäts- und Projektmanagement in der beruflichen Bildung: Einführung und Leitfaden für die Aus- und Fortbildung.* Berlin: Cornelsen Verlag.

Oyane, N. M.; Pallesen, S.; Moen, B. E.et al. (2013). *Associations between night work and anxiety, depression, insomnia, sleepiness and fatigue in a sample of Norwegian nurses.* PLOS One, 8 (8), S. 1–7. http://www.plosone.org/article/fetchObject.action?uri=info%3Adoi%2F10.1371%2Fjournal.pone.0070228&representation=PDF (10.12.2013).

Paridon, H.; Ernst, S.; Harth, V.; Nickel, P. et al. (2012). *DGUV Report 1/2012. Schichtarbeit. Rechtslage, gesundheitliche Risiken und Präventionsmöglichkeiten.* Berlin: Deutsche Gesetzliche Unfallversicherung (DGUV).

Pelikan, J. M. (2010). *Leitbegriffe der Gesundheitsförderung-Gesundheitsförderung und Krankenhaus.* Bundeszentrale für gesundheitliche Aufklärung (BzgA) (Hrsg.). http://www.leitbegriffe.bzga.de/bot_angebote_idx-174.html (10.12.2013).

Pelikan, J. M., Schmied, H.; Dietscher, C. (2010). *Prävention und Gesundheitsförderung im Krankenhaus.* In: Hurrelmann, K.; Klotz, T.; Haisch, J. (Hrsg.): Lehrbuch Prävention und Gesundheitsförderung, 3. Auflage, Bern: Verlag Hans Huber, S. 290–301.

Pelster, K. (2012). *...und die Nachhaltigkeit?* In: Faller, G. (Hrsg.): Lehrbuch Betriebliche Gesundheitsförderung. 2. Auflage, Bern: Hans Huber Verlag, S. 187–194.

Pesch, B.; Harth, V.; Rabstein, S.; Baisch, C. et al. (2010). *Night work and breast cancer – results from the German GENICA study.* Scandinavian Journal of Work, Environment and Health, 36 (2), S. 134–141.
http://www.sjweh.fi/show_abstract.php?abstract_id=2890 (10.12.2013).

Pfaff, H. (2001). *Evaluation und Qualitätssicherung des betrieblichen Gesundheitsmanagements.* In: Pfaff, H.; Slesina, W. (Hrsg.): Effektive betriebliche Gesundheitsförderung: Konzepte und methodische Ansätze zur Evaluation und Qualitätssicherung. Weinheim, München: Juventa-Verlag, S. 27–49.

Pietroiusti, A; Neri; A.; Somma, G.; Coppeta, L.; Iavicoli, Bergamaschi, A.; Magrini, A. (2009). *Incidence of metabolic syndrome among night-shift healthcare workers.* Occupational and Environmental Medicine. 67, S. 54–57.
http://oem.bmj.com/content/67/1/54.full.pdf+html (10.12.2013).

Powell, I. (2013). *Can you see me? Experiences of nurses working night shift in Australian regional hospitals: a qualitative case study.* Journal of Advanced Nursing, 69 (10), S. 2172–2184. http://www.ncbi.nlm.nih.gov/pubmed/?term=Can+you+see+me%3F+Experiences+of+nurses+working+night+shift+in+Australian+regional+hospitals%3A+a+qualitative+case+study (10.05.2015).

Pronk, A.; Ji, B.T.; Shu, X.O.; Xue, S. et al. (2010). *Night-shift work and breast cancer risk in a cohort of Chinese women.* American Journal of Epidemiology, 171 (9), S. 953–959.
http://www.ncbi.nlm.nih.gov/pmc/articles/PMC2877476/pdf/kwq029.pdf (10.12.2013).

Puch, K. (2010). *Arbeiten, wenn andere schlafen.* Wiesbaden: Statistisches Bundesamt. https://www.destatis.de/DE/Publikationen/STATmagazin/Arbeitsmarkt/2010_04/2010_04Nachtarbeit.html#Link3 (10.12.2013).

QBB – Qualitätsgesellschaft Bildung und Beratung mbH (2011). *Empfehlungen zur Angebotsinformation.* Berlin: QBB-Qualitätsgesellschaft Bildung und Beratung mbH. http://www.qbb.de/index.php/service-bildungsbereich/handlungsempfehlungen-hilfen-praxishilfen/information-zum-angebot-angebotsinformation-handlungshilfe (10.12.2013).

Rabstein, S.; Harth, V.; Pesch, B.; Pallapies, D. et al. (2013). *Night work and breast cancer estrogen receptor status – Results from the German GENICA study.* Scandinavian Journal of Work Environ Health, 39 (5), S. 448–455. http://www.sjweh.fi/show_abstract.php?abstract_id=3360 (10.12.2013).

Reschke, K.; Schröder, H. (2010). *Optimistisch den Stress meistern. Ein Programm für Gesundheitsförderung, Therapie und Rehabilitation.* 2. Auflage. Tübingen: dgvt-Verlag.

Richter, K. D.; Acker, J.; Scholz, F.; Niklewski, G. (2010). *Health promotion and work: prevention of shift work disorders in companies.* European Association for Predictive, Preventive and Personalised Medicine Journal. Band 1, S. 611–618. http://www.ncbi.nlm.nih.gov/pmc/articles/PMC3405355/pdf/13167_2010_Article_57.pdf (10.12.2013).

Robroek, S. J. W.; van Lenthe, F. J.; van Empelen, P., Burdorf, A. (2009). *Determinants of participation in worksite health promotion programmes: a systematic review.* International Journal of Behavioral Nutrition and Physical Activity, 6 (26), S. 112. http://www.ncbi.nlm.nih.gov/pmc/articles/PMC2698926/pdf/1479-5868-6-26.pdf (10.12.2013).

Rosenbrock, R.; Hartung, S. (2010). *Settingansatz / Lebensweltansatz.* In: BzgA-Bundeszentrale für gesundheitliche Aufklärung. Leitbegriffe der Gesundheitsförderung. Werbach-Gamburg: Verlag für Gesundheitsförderung. http://www.leitbegriffe.bzga.de/?uid=d9ae8d9c9db0bb7b22695d071b9200d1&id=angebote&idx=131 (10.12.2013).

Rotenberg, L.; Griep, R. H.; Pessanha, J.; Gomes, L. et al. (2010). *Housework and recovery from work among nursing teams: a gender perspective.* New Solution: A Journal of Environmental an Occupational Health Policy, 20 (4), S. 497–510. http://baywood.metapress.com/app/home/contribution.asp?referrer=parent&backto=issue,7,11;journal,13,90;linkingpublicationresults,1:300327,1 (10.12.2013).

Saberi, H. R.; Moravveji, A. R. (2010). *SHORT PAPER. Gastrointestinal complaints in shift-working and day-working nurses in Iran.* Journal of Circadian Rhythms, 8 (9), S. 1–4. http://www.ncbi.nlm.nih.gov/pmc/articles/PMC2958856/pdf/1740-3391-8-9.pdf (10.12.2013).

Schöpf, C. (2013). *HSP uniMotion. Zusätzliche Testverfahren. Fahrrad-Ergometer.* Universität Konstanz Hochschulsport. http://www.hsp.uni-konstanz.de/hsp-unimotion/zusaetzliche-testverfahren/ (10.12.2013).

Schwarzer, R. (2004). *Psychologie des Gesundheitsverhaltens – Einführung in die Gesundheitspsychologie.* 3. Auflage. Göttingen: Hogrefe Verlag.

Schwarzer, R. (2011). *The Health Action Process Approach (HAPA).* http://userpage.fu-berlin.de/health/hapa.htm (10.12.2013).

Schweflinghaus, W. (2006). *Besser Leben mit Schichtarbeit.* 6. Auflage. Essen: BKK Berufsverband.

Schwennen, G.; Schwennen, C. (2008). *Stand und Perspektiven der betrieblichen Gesundheitsförderung (BGF).* In: Schwennen, C.; Elke, G.; Ludborrzs, B.; Nold, H.; Rohn, S. et al. (Hrsg.): Psychologie der Arbeitssicherheit und Gesundheit. Perspektiven – Visionen. 15. Workshop 2008. Kröning: Asanger Verlag, S. 39–42.

Sczesny, C. (2003). *Arbeitszeitgestaltung zwischen arbeitswissenschaftlichen Erkenntnissen und individuellen Arbeitspräferenzen. Am Beispiel der Dauernachtarbeit im Krankenhaus.* Dortmunder Beiträge zur Sozial- und Gesellschaftspolitik. Band 38. Münster: LIT Verlag.

Seibt, A.; Knauth, P.; Griefahn, B.; Stork, J.; Kessel, R. et al. (2006). Arbeitsmedizinische Leitlinie der Deutschen Gesellschaft für Arbeitsmedizin und Umweltmedizin e. V.. N*acht- und Schichtarbeit.* Arbeitsmedizin, Sozialmedizin, Umweltmedizin, 41 (8), S. 390–397.

Sfreddo, C.; Fuchs-Costa, S.; Merlo, A. R.; Fuchs, F. D. (2010). *Shift Work Is Not Associated with High Blood Pressure or Prevalence of Hypertension.* PLOS ONE, 5 (12), S. 1–5. http://www.ncbi.nlm.nih.gov/pmc/articles/PMC3001857/pdf/pone.0015250.pdf (10.12.2013).

Shah, D. (2009). *Healthy worker effect phenomenon.* Indian Journal of Occupational and Environmental Medicine, 13 (2), S. 77–79. http://www.ncbi.nlm.nih.gov/pmc/articles/PMC2847330/ (10.12.2013).

Siebert, H., Jäger, C. (2006). *Studientexte für Erwachsenenbildung. Lernmotivation und Beteiligung.* Deutsches Institut für Erwachsenenbildung. Bielefeld: Bertelsmann Verlag.

Silva-Costa, A.; Fischer, F. M.; Harter Griep, R.; Rotenberg, L. (2013). *Relationship between napping during night shift work and household obligations of female nursing personnel.* International Journal of General Medicine, 6 (1), S. 227–231. http://www.ncbi.nlm.nih.gov/pmc/articles/PMC3627437/pdf/ijgm-6-227.pdf (10.12.2013).

Simon, M.; Tackenberg, P.; Hasselhorn, H.-M.; Kümmerling, A. et al. (2005). *Auswertung der ersten Befragung der NEXT-Studie in Deutschland.* Universität Wuppertal, S. 4–10. http://www.next.uni-wuppertal.de/index.php?artikel-und-berichte-1 (10.12.2013).

Simunic, A.; Gregov, L. (2012). *Conflict between work and familiy roles and satisfaction among nurses in different shift systems in Croatia: a questionnaire survey.* Archives of Industrial Hygine and Toxicology, 63 (2), S. 189–197. http://www.degruyter.com/view/j/aiht.2012.63.issue-2/10004-1254-63-2012-2159/10004-1254-63-2012-2159.xml;jsessionid=18512AE01AB3F9BCACB5D6CFD6EC31C8 (10.12.2013).

Slesina, W. (2001). *Formen betrieblicher Gesundheitsförderung: Bedarf an Evaluation und Qualitätssicherung.* In: Pfaff, H.; Slesina, W. (Hrsg.): Effektive betriebliche Gesundheitsförderung. Konzepte und methodische Ansätze zur Evaluation und Qualitätssicherung. Weinheim, München: Juventa Verlag, S. 17–26.

Sochert, R. (2010). *Betriebliche Gesundheitsförderung.* In: Windemuth, D.; Jung, D.; Petermann, O. (Hrsg.): Praxishandbuch psychische Belastungen im Beruf: Vorbeugen – Erkennen – Handeln. Stuttgart: Gentner Verlag. S. 86–94.

Sokoll, I.; Kramer, I.; Bödeker, W. (2008). *IGA-Report 13–Wirksamkeit und Nutzen betrieblicher Gesundheitsförderung und Prävention. Zusammenstellung der wissenschaftlichen Evidenz 2000–2006.* Essen. Dresden. Bonn. Siegburg: BKK Bundesverband, BGAG-Institut Arbeit und Gesundheit der Deutschen Gesetzlichen Unfallversicherung, AOK-Bundesverband, Verband der Ersatzkassen e. V. http://www.iga-info.de/fileadmin/Veroeffentlichungen/iga-Reporte_Projektberichte/iga-Report_13_Wirksamkeit_Gesundheitsfoerderung_Praevention_Betrieb.pdf (10.12.2013).

Spicker, I.; Schopf, A. (2007). *Betriebliche Gesundheitsförderung erfolgreich umsetzen. Praxishandbuch für Pflege- und Sozialdienste.* Wien: Springer Verlag.

Sporket, M. (2011). *Organisationen im demographischen Wandel: Alternsmanagement in der betrieblichen Praxis.* Dortmunder Beiträge zur Sozialforschung. Wiesbaden: VS Verlag für Sozialwissenschaften.

Statistisches Bundesamt (Hrsg.) (2009). *Bevölkerung Deutschlands bis 2060. 12. koordinierte Bevölkerungsberechnung.* Begleitmaterial zur Pressekonferenz am 18. November 2009 in Berlin. https://www.destatis.de/DE/Publikationen/Thematisch/Bevoelkerung/VorausberechnungBevoelkerung/BevoelkerungDeutschland2060Presse5124204099004.pdf?__blob=publicationFile (10.12.2013).

Statistisches Bundesamt (Hrsg.) (2013). *Gesundheitspersonalrechnung, Vollkräfte im Gesundheitswesen Deutschlands. Jahre, Einrichtungen, Berufe, Geschlecht.* https://www-genesis.destatis.de (10.12.2013).

Steinbach, H. (2011). *Gesundheitsförderung: ein Lehrbuch für Pflege- und Gesundheitsberufe.* 3. Auflage. Wien: Facultas Universitätsverlag.

StepStone Deutschland GmbH (2015). *Der StepStone Gehaltsreport für Fach- und Führungskräfte.* https://www.physio-deutschland.de/fileadmin/data/bund/news/pdfs/StepStone_Gehaltsreport_2015.pdf (23.05.2015).

Stevens, R. G.; Hansen, J.; Costa, G.; Haus, E. et al. (2011). *Considerations of circadian impact for defining 'shift work' in cancer studies: IARC Working Group Report.* Occupational and Environmed Medicine, 68 (2), S. 154–162.

Straif, K.; Baan, R.; Grosse, Y.; Secretan, B. et al. (2007). *Carcinogenicity of shift-work, painting, and fire-fighting.* Lancet Oncology, 8 (12), S. 1065–1066.

Strzemecka, J.; Pencula, M.; Owoc, A.; Szot, W. et al. (2013). *The factor harmful to the quality of human life-shift-work.* Annals of Agricultural and Environmental Medicine, 20 (2), S. 298–300.
http://www.sjweh.fi/show_abstract.php?abstract_id=3360 (10.12.2013).

Tucker, P.; Marquie, J. C.; Folkard, S.; Ansiau, D. et al. (2012). *Shiftwork and metabolic dysfunction.* Chronobiology International, 29 (5), S. 549–559.
http://informahealthcare.com/doi/abs/10.3109/07420528.2012.675259 (10.12.2013).

Tveito T. H., Eriksen H. R. (2009). *Integrated health programme: a workplace randomized controlled trial.* Journal of Advanced Nursing, 65 (1), S. 110–119.
http://www.ncbi.nlm.nih.gov/pubmed/19032505 (10.12.2013).

Uhle, T.; Treier, M. (2011). *Betriebliches Gesundheitsmanagement. Gesundheitsförderung in der Arbeitswelt – Mitarbeiter einbinden, Prozesse gestalten, Erfolge messen.* Berlin, Heidelberg: Springer-Verlag.

Ulich, E. (2005). *Arbeitspsychologie*, 6. Auflage, Stuttgart: Schäffer-Poeschel Verlag.

Vetter, C.; Jua, M.; Roenenberg, T. (2012). *The influence of internal time, time awake, and sleep duration on cognitive performance in shiftworkers.* Chronobiology International, 29 (8), S. 1127–1138.
http://informahealthcare.com/doi/abs/10.3109/07420528.2012.707999 (10.12.2013).

Vyas, M. V.; Garg, A.; Iansavichus, A. V.; Costella, J. et al. (2012). *Research. Shift work and vascular events: systematic review and a meta-analysis.* BMJ, 26, S. 1–11.
http://www.ncbi.nlm.nih.gov/pmc/articles/PMC3406223/pdf/bmj.e4800.pdf (10.12.2013).

Wagstaff, A. S.; Sigstad Lie, J. A. (2011). *Shift and night work and long working hours – a systematic review of safety implications.* Scandinavian Journal of Work and Environ Health, 37 (3), S. 173–185.
http://www.ncbi.nlm.nih.gov/pubmed/?term=Shift+and+night+work+and+long+working+hours+-+a+systematic+review+of+safety+implications. (10.12.2013).

Walter, U. (2010). *Standards des Betrieblichen Gesundheitsmanagements.* In: Badura, B.; Walter, U.; Hehlmann, T. (2010): Betriebliche Gesundheitspolitik. Der Weg zur gesunden Organisation. 2. Auflage, Dordrecht, London, New York, Heidelberg: Springer Verlag, S. 148–161.

Wedderburn, A. (2000). *Schichtarbeit und Gesundheit. Best-Bulletin für europäische Zeitstudien.* Dublin: Europäische Stiftung zur Verbesserung der Lebens- und Arbeitsbedingungen.

Weigl, M.; Müller, A.; Angerer, P. (2010). *Altersgerechte Arbeitsgestaltung. Älterwerden im Pflegeberuf.* In: Die Schwester. der Pfleger, 49 (10), S. 14–18.

Weineck, J. (2010). *Optimales Training. Leistungsphysiologische Trainingslehre unter besonderer Berücksichtigung des Kinder- und Jugendtrainings.* 16. Auflage, Balingen: Spitta Verlag.

Weinreich, I.; Weigl, C. (2002). *Gesundheitsmanagement erfolgreich umsetzen: Ein Leitfaden für Unternehmen und Trainer.* Neuwied: Luchterhand Verlag.

Westermayer, G.; Brand, D.; Bonn, V.; Heimlich, J. (2010). *Pilotprojekt: Gesundheit und Schichtarbeit.* BGF GmbH, SOMNICO GmbH. Gesellschaft für Betriebliche Gesundheitsförderung mbH.

WHO – Weltgesundheitsorganisation Europa (1986). *Ottawa-Charta zur Gesundheitsförderung.* http://www.euro.who.int/__data/assets/pdf_file/0006/129534/Ottawa_Charter_G.pdf (10.12.2013).

WHO – Weltgesundheitsorganisation Europa (2013). *Body Mass Index-BMI.* http://www.euro.who.int/en/what-we-do/health-topics/disease-prevention/nutrition/a-healthy-lifestyle/body-mass-index-bmi (10.12.2013).

Willis, T.; O'Connor, D.; Smith, L. (2008). *Investigating effort – reward imbalance and workfamily conflict in relation to morningness eveningness and shift work.* Work & Stress, 22 (2), S. 125–137. http://www.tandfonline.com/doi/full/10.1080/02678370802180558#.Upz77sQ2Zxo (10.12.2013).

Wirtz, A.; Lombardi, D. A.; Willetts, J. L.; Folkard, S. et al. (2012). *Gender differences in the effect of weekly working hours on occupational injury risk in the United States working population.* Scandinavion Journal of Work Environment and Health, 38 (4), S. 349–357. http://www.sjweh.fi/show_abstract.php?abstract_id=3295 (10.12.2013).

Wong, I. S.; Mc Leod, C. B.; Demers, P. A. (2011). *Shift work trends and risk of injury among Canadian Workers.* Scandinavion Journal of Work Environment and Health, 37 (1), S. 54–61. http://www.ncbi.nlm.nih.gov/pubmed/?term=Shift+work+trends+and+risk+of+injury+among+Canadian+Workers (10.12.2013).

Wüthrich, P. (2003): *Studie über die gesundheitlichen, sozialen und psychischen Auswirkungen der Nacht-und Schichtarbeit: Literaturanalyse, Vergleich verschiedener Schichtsysteme, Beurteilung der Corso-Studie und Handlungsempfehlungen.* Band 23. Schweizerischer Gewerkschaftsbund.

Xie, Z.; Wang, A.; Chen, B. (2011). *Nurse burnout and its association with occupational stress in a cross-sectional study in Shanghai.* Journal of Advanced Nursing, 67 (7), S. 1537–1546. http://onlinelibrary.wiley.com/doi/10.1111/j.1365-2648.2010.05576.x/abstract;jsessionid=1B14A18E0B228ADC5AAB09BAA7D5752A.f02t02?systemMessage=Wiley+Online+Library+will+be+disrupted+on+7+December+from+10%3A00-15%3A00+BST+%2805%3A00-10%3A00+EDT%29+for+essential+maintenance (10.12.2013).

Yoshioka, E.; Satoh, H.; Saijo, Y; Kawaharada, M. et al. (2012). *Short Sleep Duration and Poor Sleep Quality Increase the Risk of Diabetes in Japanese Workers With No Family History of Diabetes.* Diabetes Care, 35 (2), S. 313–318. http://www.ncbi.nlm.nih.gov/pubmed/?term=Yoshioka+2012Short+Sleep+Duration+and+Poor+Sleep+Quality+Increase+the+Risk+of+Diabetes+in+Japanese+Workers+With+No+Family+History+of+Diabetes (10.12.2013).

Zapf, D.; Ohly, S. (2009). *Prävention in Organisationen.* In: Bengel, J.; Jerusalem, M. (Hrsg.): Handbuch der Gesundheitspsychologie und Medizinischen Psychologie. Band 12. Göttingen: Hogrefe Verlag, S. 346–354.

Zölch, M. (2009). *Fit für den demografischen Wandel? – Eine Einführung.* In: Zölch, M.; Mücke, A.; Graf, A., Schilling, A. (Hrsg.). Fit für den demografischen Wandel?. Ergebnisse. Instrumente. Ansätze guter Praxis. 1. Auflage. Bern: Haupt Verlag, S. 11–19.

Zok, K. (2009). *Stellenwert und Nutzen betrieblicher Gesundheitsförderung aus Sicht der Arbeitnehmer.* In: Badura, B.; Schröder, H.; Vetter, C. (Hrsg.): Fehlzeitenreport 2008. Betriebliches Gesundheitsmanagement: Kosten und Nutzen. Berlin, Heidelberg: Springer Verlag, S. 85–100.

Zulley, J. (2011). *Gesunder und gestörter Schlaf.* Informationsbroschüre. 5. Auflage. BARMER GEK. Deutsche Akademie für Gesundheit und Schlaf (DAGS). http://presse.barmer-gek.de/barmer/web/Portale/Presseportal/Subportal/Presseinformationen/Archiv/2013/130620-Tag-des-Schlafes/PDF-Gesunder-Schlaf.pdf (10.12.2013).

Zverev, Y.; Misiri, H. E. (2009). *Perceived effects of rotating shift work on nurses' sleep quality and duration.* Malawi Medical Journal, 21 (1), S. 19–21. http://www.ncbi.nlm.nih.gov/pmc/articles/PMC3345727/pdf/MMJ2101-0019.pdf (10.12.2013).

Abbildungsverzeichnis

Tabellenverzeichnis

Sachwortregister

Über die Autorin:

Ariane Lange absolvierte die Ausbildung zur Gesundheits- und Krankenpflegerin, eine Weiterbildung zur Qualitätsmanagerin und Fachauditorin im Sozial- und Gesundheitswesen (Kolping Akademie NRW) sowie ein Studium der Gesundheitsökonomie (B. A.) an der APOLLON Hochschule für Gesundheitswirtschaft GmbH. Sie war sieben Jahre als Assistentin der Pflegedienstleitung in einem Krankenhaus tätig und wirkte dort bei der Analyse von Pflegestandards sowie bei deren Überarbeitung und Neuerstellung mit.